izumimirunの

vege dining

野菜のごはん

庄司いずみ

📢 食べたみんなの感想は?

「izumimirunさんのお料理は、
作ってるときからもう楽しい♪」(べるりさん)

「izumimirunさんの人参パスタに
私のハートはわしづかみされました!」(らでぃっしゅぼーや宣伝部長／松本隆潮さん)

「izumimirunさんのレシピを試すたびに
"料理って何だろう"って考えさせられます。
テレビや本の影響なのか、料理は手間をかけ、
たくさんの材料、たくさんの調味料を使うほど
美味しくなるのだと思いこんでいました。
(中略)
私は一体、何を食べたかったのでしょう。
何を食べていたのでしょう。
izumimirunさんのレシピを知ってからは、
無駄に手間をかけず、
素材の味を楽しむことを覚えました」(アントニオ檜さん)

izumimirunレシピは……
「簡単!」
「おいしい!」
「ミラクル!」

「izumimirunさんのレシピ、
たっくさんの人に知ってもらいたい〜!!」(へそ茶。さん)

「izumimirunちゃんのレシピで、
野菜がこんなにも美味しく、
美しく変身できる事を知りました。
素材の美味しさを最大限に生かしてもらえる、
お野菜は幸せですね。
ブログ、vege dining 野菜のごはんは野菜の玉手箱。
これからも楽しみにしています」(フードコーディネーター ゆかり・エリオット)

「"本にならないから〜じゃなきゃ全部カラーコピーしちゃうよ〜"って
本気で思ってるところでした(笑)。
ほんとうに本当に、楽しみにしています!!」(ぼちこさん)

ブログでレシピを紹介して約1年。本当にたくさんの方が、izumimirunのレシピを試してくださいました。さあ、作ったみんなの感想は?

「それぞれの野菜の特徴、味、風味などを知り尽くされたレシピの数々。
izumimirunさんの魔法のレシピのファンです。
中でも特に好きなのは野菜から出るその水分が
完璧に活かされた蒸し煮料理のレシピ。
出来上がり時には、必ず想像を超えた感動が味わえますっ☆!
(片栗粉やオートミールの使い方も絶妙です)
野菜たちと食べる人たち両方に優しいお料理と感じます。
作らせていただく度にほっこりしあわせにさせていただけます」
(ベジタリアンレストラン『喜心(http://www9.ocn.ne.jp/~kishin/)』オーナー／河俣由佳里さん)

「izumimirunさんは
野菜と話ができるんですか?」(ついんさん)

「izumimirunさんのレシピの魅力はなんといっても簡単な事!
ずぼらな私でも"これなら作ってみよう"と思える簡単さで、
調味料も家に常備してあるものが中心、
シンプルな味付けでしっかり野菜のおいしさを
引き出していることだと思います」(けろりん♪さん)

「最近、我が家の献立の半分は、いや、
それ以上、izumimirunさんのレシピです」(*feiyu*さん)

「野菜は大好きなのに、料理の腕がないばっかりに損していました。
最近はizumimirunさんのサイトのおかげで
本当においしい晩御飯が楽しめています」(**JOY**さん)

「izumiさんは
やっぱ天才ね!」(xyaxyaさん)

「この頃毎日、
izumimirunさんの
レシピで美味しい
生活を送ってます」(niko2akiさん)

izumimirunの vege dining 野菜のごはん

☆食べたみんなの感想は?——2

第1章 みんなが選んだ「野菜のごはん」ベスト10——7

こんがり☆白菜生姜焼き——8
人参パスタ——9
即席☆菜食ハッシュドビーフ——10
うさぎ娘の☆人参パスタ——10
肉なしシュウマイ——11
玉ねぎだけのハンバーグ——11
揚げずにサクッ☆南瓜コロッケ——12
ニセ明太子の☆たらこスパゲッティ——12
豆腐で☆濃厚ガトーショコラ——13
おからのソーセージ——13
☆はじめに——14

第2章「主役のおかず」——15

やっぱりハンバーグ!
茄子バーグ——16
お豆のバーグ／人参バーグ——17

ギョウザいろいろ
ネギ餅ギョウザ——18
オープンギョウザ／肉なし水ギョウザ——19

コロコロ☆vegeボール
賢妻のカリカリ肉団子／コロコロ☆南瓜ボール——20
ふわトロ☆タコなしタコ焼き／肉ナシ団子——21

野菜のステーキ
カッパな☆ステーキ／とろりん☆蓮根ステーキ——22
ごぼうのステーキ／かぶらのべっ甲焼き——23

ボリューム☆揚げもの
大根の唐揚げ／むっちり☆蓮根磯辺揚げ——24
ごぼうで☆串カツ／なんちゃって☆さつま揚げ——25

熱々シューマイ
玉ねぎだけの☆キラキラシューマイ——26
むっちり☆ねぎシューマイ／プリッと☆海老シューマイ——27

なんでも「お焼き」
のり塩味の☆じゃがいもお焼き／モチモチ☆小松菜チヂミ——28
えのきのお焼き／うさぎ娘の☆人参お焼き——29

豆腐の実力!
失敗しないがんもどき／ベジタリアンの麻婆豆腐——30
厚揚げで☆ボリューム酢豚／ピリ辛豆腐——31

乾物で主役のおかず
変身☆唐揚げ／肉なしロールキャベツ——32
肉なし青椒牛肉絲／車麩の角煮風——33

子供も大好き、楽しいおかず
卵なしのオムレツ／ふんわり卵焼き——34
ニセホタテの豆乳グラタン／ちくわぶの磯辺揚げ——35

もっと! 主役のおかず
肉なしすき焼き／蓮根のミルフィーユ／極甘☆南瓜のピーマンカップ／ベジタリアンの海老しんじょ／鰻の蒲焼き☆菜食版／ベジタリアンの鶏ハム——36
カリカリタンドリー／ベジタリアンの鶏つくね／人参のムニエル／切り干し大根の肉団子／ふわとろ☆豆バーグ／ごぼうのネバネバイタリアン——37

contents

☆vege column1 —— 38

第3章「小さなおかず」—— 39

やっぱりサラダ
天使のサラダ／水菜のジュッ！—— 40
玉ねぎのみぞれサラダ／焦がしねぎの蓮根サラダ／とろけるチーズで温サラダ —— 41

やっぱりサラダ2
ダイエット☆ポテト風サラダ／小松菜とひじきのあったかサラダ —— 42
ふんわり☆キャベツの蒸しサラダ／なんちゃって☆ツナディップ —— 43

ササッと炒めて
秘密の☆ねぎ塩きんぴら／南瓜の塩きんぴら —— 44
キラキラ☆葛きりチャプチェ／男味☆甘辛きんぴら —— 45

ササッと炒めて2
シャッキリ☆セロリの塩きんぴら／いつもの大根 —— 46
大人のししとう／キャベツの芯のバルサミコソテー／白菜の塩炒め —— 47

あったか煮物
あったか白菜☆磯風味 —— 48
根菜のみぞれ煮／トロトロ☆白菜甘味噌煮 —— 49

和えもの☆蒸しもの
人参の☆あったか白和え／卵なしの茶碗蒸し —— 50
かぶらの葉のみぞれ和え／キラキラ☆辣もやし —— 51

もっと！小さなおかず
甘長唐辛子のコトコト煮／煮っころがし漬け／とろりん☆中華蒸しピーマン／ほっこり☆粉ふき里芋／焦がしニラの香ばしサラダ／天使の胡麻サラダ —— 52
蓮根のゆず胡椒蒸し／ハイカラ白菜☆コトコト煮／ハイカラおから／あったかかぶらのトロトロソテー／ほかほか☆海苔大根／ピリリ☆レタスの胡椒蒸し —— 53

☆vege column 2 —— 54

第4章「しっかりごはん」—— 55

満足丼
満腹カツ丼 —— 56
玉ねぎ丼／カッパな☆丼 —— 57

満足丼2
ボリュームアップ☆玉ねぎ丼／とろーりトロトロ☆親子丼 —— 58
ファイト一発☆夏丼／焼きピーマン丼 —— 59

大好きカレー、大好きハヤシ
人参カレー —— 60
ベジタリアンのハヤシライス／緑のカレー —— 61

大好きカレー、大好きハヤシ2
情熱の☆赤カレー／欧風カレー —— 62
ベジタリアンのドライカレー／肉なしハヤシライス —— 63

ふりかけごはん、のっけごはん
梅風味☆わかめふりかけ／ベジタリアンのそぼろごはん —— 64
ベジタリアンのいくらごはん／韓国味☆のりふりかけ —— 65

もっと！ごはん
シャッキリ☆ナムル巻き／菜食版☆挽肉ビビンバ／ベジタリアンのあわび寿司／玉ねぎカレー／ふわふわ☆親子丼／菜食版☆鶏そぼろの三色丼 —— 66

☆ごはんの炊き方 —— 67
☆vege columun5 —— 68

第5章「ヌードル&パスタ」—— 69

やっぱりパスタ
春菊のジェノベーゼ —— 70

contents

ツナスパゲッティ／絶品☆濃厚カルボナーラ──71
やっぱりパスタ2
茄子パスタ──72
ベジタリアンのボンゴレスパゲッティ／モジャモジャ☆パスタ──73
いつでもラーメン
なんちゃって☆トンコツラーメン──74
あったか白菜☆塩ラーメン／カッパな☆ラーメン──75
いつでもラーメン2
菜食版☆皿うどん／カロリーハーフ担々麺──76
大人の風味☆サラダそば／情熱の☆ニラーメン──77
日本人なら蕎麦、うどん
おろしあんかけ蕎麦／ほっとひと息☆ほうじ茶うどん──78
熱々☆釜あげ練り胡麻うどん／3分で☆由緒正しきカレーうどん──79
☆izumimirun流料理のコツ──80
☆vege columun5──84

第6章「スープ&汁もの」──85
満腹スープ
とろ〜り熱々☆チーズのスープ──86
焼きピーマンとトマトのスープ／カレー味☆キャベツなスープ──87
満腹スープ2
あったかチャウダー／キャベツの芯のほっこりスープ──88
トロトロ☆白菜カレースープ／サラダなスープ──89
とろ〜りポタージュ
カッパな☆ポタージュ／甘いポタージュ──90
ししとうのポタージュ／南瓜の即席ポタージュ──91
即席スープ
即席☆美女スープ／即席葱スープ──92
あったかトロトロ豆乳スープ／シンプル☆ねぎだけカレースープ──93
やっぱり味噌汁、すまし汁
ふわトロ味噌汁／焼き梅の冷たいおつゆ──94
あったかトロトロ☆お味噌汁／おろしかぶらのおつゆ──95
☆おすすめ調味料&よく出てくる食材──96

第7章「簡単おやつ」──97
豪華にケーキ
大人の☆即席クスクスケーキ──98
豆腐とおからのチーズケーキ／豆乳で☆濃厚チーズケーキ──99
冷たいおやつ
ふんわり豆腐パフェ──100
豆腐のティラミス／ひんやり苺の甘酒シェイク──101
ぽりぽりお菓子
もっちり☆胡麻せんべい／ひよこ豆のおやつ──102
かんぴょうチップ／とろりん☆柿ディップ──103
あったかおやつ
豆腐かりんとう／太らないキャラメルコーン──104
南瓜きなこの一口茶巾／焼くまで1分☆豆腐パン──105

☆おわりに──106

第1章

みんなが選んだ「野菜のごはん」ベスト10

こんがり☆白菜生姜焼き

「レシピを紹介したときは『白菜だし、焼くだけだし、地味な料理かも』と思ってました。
それが、大反響を呼んでビックリ、ドッキリ！
アンケートでもダントツ人気、地味な存在の白菜を見直してもらえて嬉しいです」

焦げたところがまたおいしい。ピリリときいた生姜のおかげで、いつも脇役の白菜がガッツ系の主役のおかずに大変身。肉よりおいしい（？）白菜の生姜焼き、騙されたと思って食べてみて！

❶白菜は大きめにザクザク切り、小麦粉をまぶします。ムニエルを作るときほどしっかりつかなくても大丈夫。大さじ1～2くらいの小麦粉がなんとなく白菜になじんでいればOKです。aを合わせて生姜焼きのタレを作っておきます。

❷ごま油を熱して白菜を並べ、焦げ目がつくまでじっくり焼きつけます。裏返したら火を弱め、蓋をして3～4分蒸し焼きに。最後に火を強めて焦げ目をつけたら、aの生姜焼きのタレをジャッとからめて完成です。

材料：一人分
- 白菜　2～3枚
- 小麦粉　適量
- ごま油　適量
- ⓐ 醤油　大さじ1
　　料理酒　大さじ1
　　おろし生姜　一片分

- 「白菜と生姜だけで、こんなにおいしくなるなんて～～もう食べながら、ずっと幸せの連発でした」（みぃさん）
- 「白菜生姜焼きは、本ッ当に絶品！」（ハイ☆ヒルさん）
- 「材料も、手間もとってもシンプル、なのに!!激旨!!　かなり衝撃的な出合いでした。このレシピですっかりお野菜の虜」（mamenyanさん）
- 「白菜　ひと玉いけてしまうくらい美味しいです!!!」（ヒバリのこころさん）
- 「白菜に小麦粉を絡ませることで、出来上がりがトロトロッとするんですね～。これはすごい。美味しかったです♪」（comodolifeさん）

Best 2 人参パスタ

これは本当に大好物！ ビックリするほど人参が甘くておいしくて……。
すごくシンプルなパスタですが、たくさんの方に作っていただいて感激でした。
人参は好きな野菜のひとつだから、人参好きな方が多いのも嬉しいですね。

ひとり人参1本、ラクラク食べちゃえるレシピです。おろして蒸し煮した人参ソースは驚くほど甘くて、食べるたびにウットリ。このおいしさをぜひ味わってみてください。

❶人参をおろし金ですりおろします。
❷1を小鍋に入れて塩ひとつまみをふりかけ、混ぜ合わせて1〜2分放置。これで甘みが引き出せます。
❸鍋にぴったり蓋をし、火にかけます。湯気があがったら弱火にして6〜7分加熱。火を止めてオリーブオイルと醤油で味を整え、ゆでたスパゲッティと好みの野菜とあえれば完成です。

材料：一人分

- 人参　1本
- 塩　ひとつまみ
- オリーブオイル　小さじ1
- 醤油　小さじ1
- スパゲティ　70〜80g
- 好みの野菜　適量

「これ、めちゃくちゃおいしい、しかも簡単。人参のおいしさをぎゅっと詰め込んだ感じがとってもGoodです」(megmamaさん)
「いい意味で裏切られました。人参だけというのが信じられないくらい、甘くておいしいです!!」(blauさん)
「皆さんにぜひ知ってほしいレシピは、やっぱり人参パスタです」(haruka0279さん)
「人参は金時人参ですとさらに甘みがアップしました」(pulikoha mamaさん)

これは我ながら大発明！肉も使わないブラウンソースが数分でできるのだから驚きです。なのに味もしっかりハッシュドビーフです。

即席☆菜食ハッシュドビーフ

Best 3

こっくり味のブラウンソース、小麦粉をじっくり炒めたりしなくていいのです。スープの素やブイヨンもいりません。その即席ブラウンソースでハッシュドビーフを作りましょう。

① すべての材料を鍋に入れ、泡立て器でかき混ぜて粉をよく溶かします。火にかけて、かき混ぜながら加熱し、フツフツ沸いてとろみがつけばブラウンソースの完成です。※このブラウンソースでハッシュドビーフを作ると、ほぼ2人分くらいの分量です。

② 1のソースを使ってハッシュドビーフを作ります。玉ねぎは薄切りに。板麩は戻して一口大に切っておきます。

③ フライパンにオリーブオイルを熱し、玉ねぎを炒めます。塩ひとつまみで下味をつけ、玉ねぎがしんなりしてきたら板麩を炒め合わせ、ブラウンソースを注ぎます。ソースが温まったら、練り胡麻を加えて混ぜ合わせ、完成です。ごはんやパスタなどと盛りつけていただきます。

ブラウンソースの材料
- 玉ねぎ(すり下ろした状態で)　1/2カップ
- トマトジュース　1カップ
- 赤ワイン　1/4カップ
- 中濃ソース、トンカツソースなどお好みのソース　大さじ2
- 醤油　大さじ1/2
- 小麦粉　大さじ1
- 月桂樹　1枚

ハッシュドビーフの材料：1人分
- 玉ねぎ　1/4個
- 板麩　1枚
- オリーブオイル　少々
- 塩　少々
- ブラウンソース　2/3カップ
- 練り胡麻(白)　大さじ1/2

「板麩を使ったことがなかったので驚きました。今ではお弁当の大定番です」(chocolateさん)
「コクと旨みのあるソースをあっという間に作れて感動しました」(kiharuさん)

Best 4

2位の人参パスタは初代のレシピ。コメントいただく方は人参好きな方が多く、そんなうさぎ娘さんたちのために考えたレシピです。

うさぎ娘の☆人参パスタ

細切りの人参が、とっても甘くて幸せなお味です。人参の甘さと豆乳クリームがまろやかで、一口食べるととろけそう。ひとり人参一本ペロリの、とろけるパスタのレシピをどうぞ♪

① 人参は極細切りに。豆乳と小麦粉を合わせ、泡立て器で混ぜて小麦粉をとかしておきます。

② 人参を鍋に入れて塩ふたつまみをなじませて2〜3分おいておき、水気が出てきたら蓋をして火にかけます。最初は強火、湯気が出てきたらごく弱火にし、5分ほど蒸し煮にします。

③ 2に豆乳と小麦粉を合わせたものを入れて火を強め、混ぜながら加熱。沸騰してとろみがついたら味をみて、塩で味を整え、完成です。

材料：一人分
- 人参(小)　1本
- 塩　適量
- 豆乳　1/2カップ
- 小麦粉　大さじ1/2
- スパゲッティ　70〜80g

「絶品ですね。ハマリました。我が子にも大ヒット。クリーミーな味は、子供受けがよいです」(あらめさん)
「人参パスタはこれまで作ったクリーム系パスタの中で一番好きな味かも……」(あしさん)

🐷 これ大好き！ 肉が入ってないとは思えないおいしさと、ムッチリな食感。黙って出せばうちの娘もだまされます。

肉なしシュウマイ

Best 5

焼売だけど肉は入ってません。豆腐なども使ってません、野菜だけ。なのにむっちり、もっちりボリューム満点。歯ごたえの秘密はたっぷりの蓮根のすり下ろし。辛子醤油でアツアツをどうぞ!

1. 蓮根はすり下ろし、玉ねぎと椎茸はみじん切りに。しょうがはすり下ろしておきます。
2. 1の材料を混ぜ合わせ、料理酒と醤油で下味をつけます。ここに片栗粉を加えてタネをまとめます。蓮根の水分の量にもよりますが、今回は片栗粉大さじ3を加えました。うまくまとまる程度に加減してください。
3. 1の種を焼売の皮で包み、グリーンピースをのせて埋め込みます。蒸気のあがった蒸し器で10分ほど蒸せば完成。辛子酢醤油など好みのタレをつけていただきます♪

材料：一人分
- すりおろした蓮根　1/4カップ
- 玉ねぎみじん切り　1/4カップ
- 椎茸　1枚
- 片栗粉　大さじ3
- しょうが　少々
- 料理酒、醤油　各小さじ1/3
- 焼売の皮　4～5枚　グリーンピース　適量

「これはすごいです。本物のシュウマイの味です。言わなきゃ肉なしってわからない!」（へそ茶。さん）
「すごーいムチムチ……。お肉なしで、シュウマイができるなんて、驚き!!」（ちゃちゃさん）

Best 6

玉ねぎだけのハンバーグ

大好物ベスト3に入るこのレシピ。時間がかかる料理ですが気に入ってくれた人がたくさん。とっても嬉しいです♪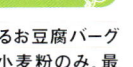

ハンバーグだけど肉はなし。よくあるお豆腐バーグでもありません。材料は玉ねぎと小麦粉のみ。最初作ったときはあまりのあまさ、香ばしさ、おいしさに驚きました。大好物です！

1. しょうがとニンニクをみじん切りにします。フライパンに油を敷き、しょうがとニンニクを炒め、香りが立ったらみじん切りの玉ねぎ1カップ分を加えて炒め合わせます。玉ねぎが飴色になるまで弱火でじっくり。時々かきまわし、40分くらい火にかけます。
2. 1の飴色玉ねぎは、炒め終わるとだいたい1/2カップくらいのカサに減ります。これと残しておいた生の玉ねぎ（1/2カップ分）を合わせ、小麦粉を様子を見ながら加え、混ぜ合わせます。小麦粉の量はタネがうまくまとまるように調整してください。
3. 2の種をハンバーグ型にまとめ、フライパンで焼きつけます。片面に焦げ目がついたら裏返して弱火にし、蓋をして蒸し焼きに（→83Pのコツ5）。中まで火が十分通ったらOK。好みのソースをかけていただきます。

材料：一人分
- 玉ねぎ（みじん切りの状態で）　1と1/2カップ
- 生姜、にんにく　各ひとかけ
- 小麦粉　1/4カップ
- 好みのソース　適量

「人生でいっとう感動した料理となりました。すごすぎる!」（mag.さん）
「ほんと、その美味しさにびっくり。玉ねぎスゴいなー！ と痛感したご飯です」（mika-kujiraさん）

> 本当に多くの方に『大好き!』と言っていただいた思い出のレシピ。ブログでご紹介くださった方もたくさんいらっしゃいました。

揚げずにサクッ☆南瓜コロッケ

Best 7

揚げてません。衣もつけていませんが、サックサクのコロッケができました。衣代わりになるのは、なんと裏返した油揚げ。タネは甘〜い南瓜をつめて、南瓜コロッケ仕立てでどうぞ。

1. 南瓜を一口大くらいに切り、軽く塩をふります。蒸気のあがった蒸し器に入れて、すっと竹串が通るまで蒸し、マッシュしておきます。
2. 玉ねぎと生姜のみじん切りを油少々を敷いたフライパンで軽く炒め、塩少々をふっておきます。
3. 1と2を混ぜ、コロッケのタネを作ります。
4. 油揚げを熱湯で油抜きし、2つに切り分けて開いて裏返し、キッチンペーパーなどでしっかり水分をとります。ここに3のタネを詰めてコロッケ型に整え、オーブンでこんがり焼けば完成です。

材料：一人分
- 南瓜　70g
- 塩　少々
- 玉ねぎ（みじん切り）　大さじ1
- 生姜（みじん切り）　少々
- 油揚げ　1枚

「う、う、うっま〜い！悶絶する美味しさです。揚げるコロッケのような油っこさがないですから、いくつでも食べてしまいそうです」（かなりあさん）　「やはり揚げない南瓜コロッケが、一番お気に入り」(hazu@さん)　「いろいろ考えた結果……、南瓜コロッケに一票です!」(ゆりさん)　「お揚げさんを使ってコロッケにするなんてなんて斬新なアイデア」(沙羅さん)

ニセ明太子の☆たらこスパゲッティ

Best 8

> 雑穀の一種、アマランサスを使ったベジレシピ。明太子が手に入りにくい海外在住の方の間で大ブーム！

ベジタリアンの友達全員が「ウソッ!」と叫んだ秘密のレシピを大公開！どこから見ても明太子、食べても明太子としか思えませんが……。実はこれはアマランサスという雑穀です

1. アマランサスはざるに入れてさっと洗い、水気を切って小鍋に入れます。鍋を中火にかけ、水分を飛ばしつつ軽く炒りつけます。香ばしい香りがしてきたら水300ccと梅干しを入れ、梅干しをつぶして軽くかき混ぜます。沸騰したら弱火にし、蓋をして20分。水分がなくなってきたら、豆板醤と料理酒、醤油で味をつけます。これが基本の"なんちゃって明太子"です。
2. 1の"なんちゃって明太子"を同量くらいの昆布だしでのばし、お好みで醤油や豆板醤を加えて味を整え、パスタソースの完成です。（※昆布だしの代わりに、お好みのスープの素で作ったスープでもOK。塩味のついてる即席の昆布だしやスープなら、塩分を控えて調節してください）

材料：一人分
- アマランサス　1/2カップ
- 梅干し　1個
- 豆板醤　小さじ1
- 料理酒　小さじ1
- 醤油　小さじ1/2
- 昆布だし　適量　スパゲッティ　70〜80g

「ニセ明太子の☆たらこスパゲッティ、衝撃的でした。これで作った、タラモサラダも最高です」（ともみさん）　「ををを!これは……明太子じゃあありませんか!つぶつぶ感はもとより、ねっとり感さえも再現されています」（ぴかままさん）

> お菓子作りは正直言って苦手です。でも、たくさんの方が『これはいいねー!』と言ってくださって嬉しい。

豆腐で☆濃厚ガトーショコラ

Best 9

材料をドンドン混ぜて焼くだけで超簡単、チョコも卵もバターも使わないからとってもヘルシーなガトーショコラです。まろやかさの秘密は絹ごし豆腐。しっとり滑らかなおいしさですよ。

1. 材料を上から順番にドンドン加えてフォークなどでかき混ぜます。豆腐は水切りしなくて大丈夫。
2. タルト型にオイルを薄く塗り、粉少々をふって1のタネを流し込んでオーブンへ。170〜180度くらいで45分。こんがり焼けて、串をさしてなにもついてこなければ完成です。

材料：15cmのタルト型1個分
- 小麦粉 … 2/3カップ
- ベーキングパウダー … 大さじ1と1/2
- キャロブパウダー（またはココア） … 1/3カップ
- メープルシロップ … 大さじ3
- 絹ごし豆腐 … 100g

「簡単だしおいしくて、主人からも『また作って〜』とリクエストされたんですよ」(yuppyさん)　「あまりに簡単にできてしまって驚きました」(まめたろうさん)
「バターも卵も入っていないのでカロリー控えめです。」(ノロさん)

Best 10

「えっ!? ホントにこれ、ベスト10入りですか!? ソーセージなんて、コンビニでだって買えるのに……。しかも肉なし、推薦してくださった皆さん、ありがとう!」

おからのソーセージ

たまに食べたくなるジャンクな味といえば、ソーセージ。体には悪そうですが……これなら大丈夫。なにしろ材料はおからですから。ぷっつん、もっちもちな食感がおいしいです。

1. aの材料をすべてあわせ、スプーンなどでよく混ぜます。
2. このタネをソーセージ型にまとめたら、蒸し器で5分蒸します。
3. 油を敷いたフライパンで、1を転がしながら焼きつけます。焦げ色がついたらケチャップ大さじ1／2を絡めて完成です。

材料：4〜5本分
- a
  - おから … 1/2カップ
  - 片栗粉 … 1/4カップ
  - 豆乳 … 大さじ2
  - オリーブオイル … 大さじ1
  - ケチャップ … 大さじ1
  - セージ … 少々
  - おろしニンニク … 少々
- 油 … 適量
- ケチャップ … 大さじ1/2

「これは面白い食感で美味しいです。おからがたくさん食べれるし、ボリュームもあります」(niko2akiさん)　「おからはいつも、卯の花、ハンバーグ、くらいにしか料理していなかったんですが、レシピを拝見して『これだ!』って思ったんです。主人がソーセージ大好き人間ですので。美味しかったです。また作ります!」(まきみさん)

はじめに

　あらためてこんにちは！　izumimirunこと、庄司いずみです。
　食べるのが好き、作るのはもっと好き、お料理の本をめくってるととっても幸せ。
ただ、お肉や魚は食べないベジタリアンなので、
おいしそうなお料理本のレシピ通りのものは食べられません。

　そんな私の趣味はといえば、オリジナル料理のレシピを考えること。
　ベジタリアンというと「サラダや野菜の煮物ばかり食べてる人」と思われるかもしれませんが、
いくら野菜好きでも毎回それでは飽きちゃうし、力も出ません。
　それになにしろ根が食いしん坊だから、ストイックな食事はまっぴらごめん。
なぜベジタリアンになったかはまたお話するとして、「これからは野菜だけでいいな」と決めたその日から、
食べることが好きな私は実験開始！
「昔好きだったハンバーグやオムレツを、お肉や卵なしで作れないかな？」、
「ダイエット中の友達のために、卵や牛乳を使わないケーキができないかな？」、
「いつもは脇役にしかなれない野菜で、食べごたえのあるメインのおかずを作れないかな？」。

　実験して出た結論、"野菜だけでも十分おいしい"。
「野菜だけじゃ物足りないからダシを丁寧にとらなくちゃ」、「ボリュームを出す工夫をしなくちゃ」、
「特別な調味料やスパイスに助けてもらわなくちゃ」、
最初はそう思ってましたが全部カン違い。野菜の実力を見くびってました。
　さっと蒸すだけ、炒めるだけで、野菜は甘い、野菜はおいしい。
ちょっとだけ穀類や海藻、お豆腐をあわせるだけで、うまみも出るし、お腹も心も満たされます。
　そんな野菜のごはんの魅力を知ってもらいたくて……というよりも、
自分のためのお料理メモ代わりに、ブログで記録していたら……。
いつの間にか、たくさんの方が「作ってみました」「美味しかった！」と言ってくださるようになっていました。

　みなさんに「おいしい」と言ってもらった「野菜のごはん」。
この本では、野菜だけでも満足できるメインのおかずはもちろん、
肉や魚が主役のときにあると嬉しい、ヘルシーな野菜の小さなおかず、
そしてスープやデザートまで紹介しています。
野菜だけでも絶対おいしい自信あり。
だまされたと思って試していただけると嬉しいです。

第2章

主役のおかず

🔊 やっぱりハンバーグ！

茄子バーグ　しっとりジューシー

オートミールの粉っぽさが残らないよう、じっくり蒸し焼きしてください。

茄子がバーグになるなんて!?　驚くなかれ、これが本当においしいのです。肉よりずっとジューシーなおいしさ。オートミールが挽肉っぽい食感を出してくれて、満足感も十分です。

① みじん切りにした茄子に塩少々を振り、混ぜて全体に塩を馴染ませます。
② 1〜2分すると茄子から水分が出てしっとりしてくるから、オートミールを混ぜあわせて水分を吸わせます。
③ 2をハンバーグ型にまとめ、オイルをしいたフライパンで焼きます。最初は強めの火加減で。片面に焦げ目がついたら裏返し、蓋をして弱火でじっくり蒸し焼きに（83P・コツ5）。
④ 中までしっかり火が通ったら強火にし、カリッと焦げ目をつけたら完成です。

材料：一人分
- 茄子（みじん切りの状態で）・・・1カップ
- 塩・・・ひとつまみ
- オートミール・・・1/4〜1/3カップ

「肉、いりません。これで十分満足。不思議ですねぇ」（wooやんさん）
「トマトベースのブラウンソースをかけるとまるで『煮込みハンバーグ』になります。かなり美味しいです」（akkoさん）
「オートミールが良いつなぎになって、しかもお肉みたいな感じ。いろんな肉なしハンバーグを作ってみたけど、オートミールを使ったのが一番お肉っぽいかも」（shikiさん）

みんな大好き、ハンバーグ。「お肉なしでは……」と思うでしょうが、野菜だけのベジバーグは格別なおいしさです。

お豆のバーグ

タンパク質たっぷり!!

大豆ならボリューム満点、ひよこ豆や小豆なら甘みのあるハンバーグに。

レシピではひよこ豆ですが、豆ならなんでも。自分で豆を茹でるのが大変なら、水煮の豆を使えばお手軽。豆のおいしさがぎっしりつまったボリュームバーグ、育ち盛りのお子さんにもおすすめです。

1. 茹でたひよこ豆をすり鉢やボウルに入れて、すりこぎなどで荒くつぶします。つぶつぶが残っていても大丈夫。
2. 玉ねぎのみじん切りと小麦粉、塩、スパイスを加えて混ぜ合わせハンバーグ型にまとめます。
3. 2のタネをフライパンでじっくり焼きつけます。両面にきれいな焦げ色がついたら完成。好きなソースやケチャップ、トマトソースなどをかけていただきます。

材料：一人分
- 茹でたひよこ豆　カップ2/3
- 玉ねぎのみじん切り　カップ1/4
- 小麦粉　大さじ1と1/2
- 塩　ひとつまみ
- 胡椒、好みのスパイス　適量

「ワンパターンの豆料理から世界が広がりました」（かむかむさん）

人参バーグ

材料2つ!

ちょっと崩れやすいから、裏返すときはそーっと。

人参の甘さ全開、幸せなおいしさです。ふんわりほろほろの食感も楽しくて、お気に入りのレシピのひとつ。人参たっぷり、カロチンがたくさんつまってるから、お肌にもいいですね。

1. 人参は半分はすり下ろし、半分は千切りにします。それぞれ計量カップ1/4になるくらいが目安の量。両方合わせてボールに入れ、塩ひとつまみを加えて混ぜ合わせておきます。
2. おつゆ麩はビニール袋に入れてグシャっと握りつぶし、粉々にします。多少粒が残っても平気。このお麩粉を1に加えて混ぜ合わせます。
3. 2の種をハンバーグ型にまとめ、フライパンにオイルを熱して焼きます。焦げ目がついたら裏返し、弱火にして蓋をし4〜5分じっくり蒸し焼きに。最後に火を強め焦げ目をつけたら完成です。

材料：一人分
- 人参　約1/2本
- おつゆ麩　5〜6個
- 塩　ひとつまみ

「人参でハンバーグ!!甘くって美味しそうだ〜(*´∀｀)麩と人参の組み合わせ、なんか新鮮です♪」（ユウリさん）

🔊 ギョウザいろいろ

ネギ餅ギョウザ （タネはネギだけ!）

タレは酢醤油にラー油、豆板醤やからしもおいしいです。お好みで。

点心のネギ餅みたいな、おいしいギョウザです。じっくり火を通したネギは甘みたっぷり。外はカリッと中はもちっと、ビールにもぴったり。ギョウザだけれどもちろん肉なし、ヘルシーです。

① aの材料をすべて混ぜ合わせてタネを作ります。
② ギョウザの皮で1を包み、フライパンに油をしいて焼きます。普通のギョウザと同様に、カリッとしてきたら水を差して蓋をして蒸し焼き。最後に水分を飛ばして焦げ目がついたら完成です。

材料：一人分
- ａ ネギ（小口切りで）　カップ1/4
  - 塩　ひとつまみ
  - ごま油　少々
  - 片栗粉　小さじ1と1/2
- ギョウザの皮　4〜5枚

「この満腹感で肉が入ってないのはすごい!」（きよさん）
「外はパリッと、中はもっちもち〜ぃ♪想像以上の美味しさにリピート必須☆」（モンママさん）
「具はネギのみなんだけど、これが又片栗粉が入ってむっちりするんだけどハマルよ♬♫しかもヘルシ〜だしね‥」(strawberry苺さん)

カリッと焼いたギョウザも、しっとりなめらかな水ギョウザも大好物。野菜がタネのギョウザも新鮮なおいしさです

オープンギョウザ　包まず簡単!

塩味がきいてるからタレなしでOK！　手軽につまむのが気分です。

ギョウザは好きだけど、包むのはちょっとたいへん…。そんな人にはオープンギョウザが絶対のおすすめです。皮にタネをのせてカリッと焼くだけ。スナック菓子みたいにパリポリいけるおいしさですよ

1. みじん切りのニラとキャベツに塩少々をふり、まぜてなじませます。しばらく（2〜3分）すると水分が出てくるので、片栗粉を混ぜてまとめます。片栗粉の分量は、タネがうまくまとまる量で調節を。
2. ギョウザの皮に1をのせ、上からパラリと塩をふります。
3. フライパンにごま油を熱し、2を並べ、蓋をして蒸し焼きに。皮がカリッと焼け、タネに火が通ったら完成です。

材料：二人分
- ニラ（みじん切りの状態で）　1/3カップくらい
- キャベツ（みじん切りの状態で）　1/3カップくらい
- 塩　適量
- 片栗粉　大さじ2くらい
- ギョウザの皮　10枚くらい
- ごま油　適量

「今日はちょうど餃子を作ろうと思っていたので、こちらのバージョンも作ってみます♪」（dotenosumireさん）

肉なし水ギョウザ　ダシもいらない！

切り干しの戻し汁はうまみたっぷり。だし汁として使えます。

肉なしですが、タネはプリップリ！　ダシも鶏ガラスープも使わないのに、汁も驚きのおいしさです。残ったスープにごはんをドボンッ。これもおすすめ。もうもう……絶句するほどおいしいですよ！

1. 切り干し大根をさっと洗い、250ccの水に浸して1〜2分戻します。柔らかくなったら水気を絞り、みじん切りにします。
2. しいたけはみじん切り、生姜はすり下ろします。
3. 1の切り干しと2のしいたけ、生姜をボールに入れて混ぜ合わせ、片栗粉を加えてさらに混ぜます。このタネをギョウザの皮で包みます。
4. 小鍋に切り干しの戻し汁を煮立て、醤油で薄く味をつけます。3のギョウザと乾燥わかめを入れて煮込み、餃子に火が通ったら完成です。

材料：一人分
- ギョウザの皮　5〜6枚
- 切り干し大根　ひとつかみ（15gくらい）
- 生しいたけ　1枚
- 生姜　ひとかけ
- 片栗粉　大さじ1
- 醤油　大さじ1/2
- 乾燥わかめ　ひとつかみ

「つるん、もちもち♪　中はこりこり、おいしかった〜」（puchi-deliciousさん）

📢 コロコロ☆vegeボール

賢妻のカリカリ肉団子 〔倹約レシピ!〕

人参、玉ねぎ、青菜でも、本当になんでも。きのこ類もいいですね。

賢い妻の倹約メニュー、冷蔵庫の余り野菜でできる豪華なメインディッシュです。外はカリッと、中はしっとり甘くておいしい肉団子風のおかずです。肉じゃなくてもボリュームも満点ですよ。

① 人参や玉ねぎ、青菜、根菜など、半端に余った野菜はなんでもみじん切りにして、柔らかく茹でます。1種類でもいいし、何種類かの野菜を混ぜてもいいですよ。
② 野菜と同量のオートミールと塩、スパイスを混ぜ合わせ、お団子型に。
③ フライパンにオイルを熱して転がしながら焼きつけます。途中蓋をして3〜4分蒸し焼き(83P・コツ5)に。最後に火を強め、カリッと焦げ目をつけたら完成です。

材料：一人分
- あまり野菜なんでも（みじん切りで茹でた状態で） 1/2カップ
- オートミール 1/2カップ
- 塩 ひとつまみ
- 好みのスパイス 少々

「残り野菜とオートミールがおいしいおかずに変身！ また作ってみたいレシピになりました」(happyさん)

コロコロ☆南瓜ボール 〔材料2つ!〕

オートミールは柔らかめのタイプ(96P)がおすすめ！

南瓜の甘みに思わずニッコリ。とってもおいしい南瓜ボールです。見た目もコロコロかわいいから、小さなお子さんにも喜ばれそう。見た目は華やかだけど作り方はとっても簡単。お弁当にもいいですね。

① 南瓜は一口大に切り、塩を軽く振り、蒸し器で蒸します。数分蒸して、竹串がスッと通ればOK。マッシャー、またはフォークの背などでつぶします。
② 南瓜マッシュにオートミールを加えて混ぜ合わせます。オートミールは茹でたりせず、乾燥したままで大丈夫。
③ 2の種を一口大のボール状に丸めます。これをオイルをしいたフライパンで転がしながら焼きつけ、完成です。

材料：一人分
- 南瓜 100g
- 塩 適量
- オートミール 大さじ2

「お味はシンプルながら南瓜の甘みが引き立つこれまたクセになる一品です」(tsu2coさん)

ミートボールや肉団子はやっぱり「ごちそう!」な気がします。野菜100%のベジボールも「ウフフ♪」なおいしさですよ。

ふわトロ☆タコなしタコ焼き とってもヘルシー!

たこ焼き器を持ってる方ならもっと簡単に焼けますね。

ふわトロのタネがおいしい、たこ焼きみたいなおかずです。卵はつかわず、長芋でとろとろの食感を出してます。おから入りでとってもヘルシー! ソースと青海苔をたっぷりふって召し上がれ。

① 材料をすべて混ぜ合わせます。
② フライパンに油を熱し、1の種を一口大ずつまとめて焼いていきます。慌てて裏返すと形が崩れてしまうから、焦げ目がついたら転がして焼くのがコツ。タネが柔らかめだからまん丸にはしにくいですが、焼き上がったらスプーンなどで丸く整えればOKです。

材料:一人分
長芋(すり下ろした状態で) 1/4カップ
おから 1/4カップ
片栗粉 大さじ1/2
紅ショウガ(刻んだ状態で) 大さじ1
葱(みじん切りの状態で) 大さじ1

「フワフワで何個でも食べれちゃいますね〜♪」(nami_namieさん)

肉ナシ団子 肉入りみたい!

舞茸、椎茸、ぶなしめじなど、きのこの種類はお好みで。

見た目も本物の肉団子みたいですが、食べた感じも肉団子。歯ごたえといい、味といい、まるで本物みたいです。まわりのカリッと焼けたところは香ばしく、中はふっくらジューシーですよ!

① フライパンに油を熱し、玉ねぎとキノコのみじん切りを炒めます。最初は強火、しんなりしてきたら弱火にし、塩と胡椒少々をふってじっくり炒めます。玉ねぎがとろんと透明になり、全体のカサが半分くらいに減ったら火を止めます。
② 1に小麦粉を加え、お団子型にまとめます。小麦粉はほぼ1/4カップの量が目安。
③ フライパンに油を熱し、2のお団子をコロコロ転がしながら焼きつけます。中までしっかり火が通るように蓋をしてしばし蒸し焼き(83P・コツ5)にして完成です。

材料:一人分
玉ねぎのみじん切り カップ1杯分
お好みのキノコのみじん切り カップ1杯分
塩・胡椒 各適量
小麦粉 1/4カップ
お好みのソースやケチャップ、タレなど 適量

「昨日のブラウンソースのシチューが少し残っていたので、焼いてからちょっと煮込んでみたのですが・・・おいし〜い!」(ぺるりさん)

野菜のステーキ

カッパな☆ステーキ （きゅうりだけ!）

小麦粉をふるのが、うまみをギュッと閉じこめるコツです。

「キュウリのステーキ!?」と驚くなかれ、じっくり焼いたキュウリはとっても甘くて、存在感あふれるおいしさ。ステーキにだって変身しちゃいます。おろしキュウリのソースでどうぞ!

1. きゅうりは半分に切り、1／2本は縦に切ります。全体にうっすら塩をふり、小麦粉をまぶしつけます。フライパンにオリーブオイル少々を熱し、弱火でじっくり焼きつけます。
2. 焼いてる間にソースを作ります。残り1／2本のきゅうりをすり下ろし、塩、タバスコ、すりゴマを混ぜ合わせ、好みの味に整えます。
3. 1の片面に焦げ目がついたら裏がえし、両面に焦げ目がついたら完成。2のソースをかけていただきます。

材料：一人分
- きゅうり（大）　1本
- 塩　適量
- 小麦粉　適量
- タバスコ　適量
- すりゴマ（白）　適量
- オリーブオイル　適量

「意外な美味しさから何度も作ったきゅうりのステーキ！　きゅうりのソースがかなりいけてて、やっこにかけても美味しいんじゃないかとか色々想像が膨らみました」(kakoママさん)

とろりん☆蓮根ステーキ （蓮根オンリー!）

時間をかけて焼くほど蓮根がホロッと柔らかくなりますよ。

蓮根ステーキにすり下ろした蓮根のソースをトロリとかけて。うっとりするほどおいしいステーキです。じっくり焼いた蓮根はむっちり甘くて幸せ。シンプルな料理はやっぱりスゴイ！

1. 蓮根に塩ひとつまみをふり、ムニエルと同じ要領で小麦粉をはたきます。
2. オリーブオイルを熱し、1を焼きます。最初は強火、こんがり焦げ目がついたら裏返し、弱火にします。そのまま15分くらいかけてじっくり焼き上げます。
3. ソースを用意します。aの材料を混ぜ合わせて小鍋でひと煮立ち。とろみがついたら2のステーキにかけて完成です。

材料：一人分
- 蓮根　3cmくらい
- 塩　ひとつまみ
- 小麦粉　適量
- オリーブオイル　適量
- a　水　80cc
  - 蓮根のすり下ろし　50g
  - 昆布茶　小さじ2/3

「ホント美味しそう!!　ステーキになるんですね！　しかも私の好きなこぶ茶味＾＾」(まささん)

おいしい野菜はシンプルな調理法がいちばん。じっくり焼いてうまみを引き出すステーキは、おすすめの食べ方です。

ごぼうのステーキ 〈材料ひとつ!〉

ソースの赤ワインがなければ好みのスープ少々でもOK!

ごぼうの出番はきんぴらばかりじゃありません。1人1本、丸ごとペロリ。ステーキもごぼう、ソースもごぼう、ごぼうが主役の一品です。歯ごたえがあるから、満足感も十分ですよ。

1. ごぼうの皮をこそぎ落とし、1／2本分は軽く塩をふります。鍋にオリーブオイル少々を熱し、ごぼうを入れてぴっちり蓋をし、弱火でじっくり蒸し焼きに。焼き上がりに30分くらいかかるので、その間にソースを準備します。
2. 残り1／2本分をおろし金で下ろします。オリーブオイルを熱し、鷹の爪を炒め、おろしごぼうを炒めます。最初黒ずんでたごぼうが白くなったらaを回しかけてソースの完成です。
3. 1に竹串がすっと通ったら2のソースをかけていただきます。

材料：一人分
ごぼう・・・1本
塩・・・ひとつまみ
オリーブオイル・・・適量　鷹の爪・・・適量
a ┌ 赤ワイン・・・大さじ2
　├ 醤油・・・大さじ1/2
　└ バルサミコ酢・・・大さじ1/2

「牛蒡ってこんなに美味しいの〜〜〜!?と改めて感動!!」(ますみさん)

かぶらのべっ甲焼き 〈焼くだけ簡単!〉

表面が焦げるくらいが香ばしくておいしいです。

べっ甲みたいでキラキラきれい♪　お醤油の焦げたところがまたおいしい、かぶらのステーキです。じっくり焼いたかぶらは口の中でほろっと崩れるやわらかさ。甘くておいしくて驚きますよ!

1. かぶらは4つに切り、塩ひとつまみをまぶしておきます。
2. フライパンにごま油少々を熱し、弱火でかぶらをじっくり焼きます。蓋をして時々焼く面を変え、15分くらい。かぶらがつやっと透明になったら、柔らかく焼けた証拠。火を強めて醤油を回しかけ、全体に味を馴染ませ完成です。

材料：一人分
かぶら(中)・・・1個
塩・・・ひとつまみ
ごま油・・・適量
醤油・・・小さじ1

「おぉー!　本当にとろとろとろりん♪」(かなべさん)

📣 ボリューム☆揚げもの

大根の唐揚げ　大根だけで

🗨 片面がカリッと焼けたら裏返すのが、キレイに焼くコツです。

「大根なんて唐揚げにしてどうなるの？」と思われるでしょうか。ところがこれが驚きのおいしさ！　蒸して唐揚げした大根はとてもジューシー。生姜味の衣と相性ピッタリです。

1. 大根を一口大に切り、蒸し器で蒸します。蒸し加減はお好みですが、4～5分くらいで歯ごたえを残すのがおすすめです。
2. 蒸し上がった大根に醤油をジャッとまわしかけ、すり下ろした生姜を混ぜ合わせます。このまま10分くらい放置し、味をしみこませます。
3. 2に片栗粉をまぶしつけます。
4. フライパンにごま油を熱し、3を焼きつけます（82P・コツ4）。急いでかきまわすと衣がはがれてしまうから、カリッと焼けたら裏返し、全部の面にまんべんなく焼き目をつけましょう。

材料：一人分
- 大根　4～5cm
- 生姜　ひとかけ
- 醤油　適量
- 片栗粉　適量
- ごま油　大さじ1程度

💬「思ってたとおり、おいしい～♪　子どもたちもぱくぱく、好評でした」(sherrieさん)

むっちり☆蓮根磯部揚げ　ボリューム満点！

🗨 青海苔の香りがポイント。たっぷり使いましょう。

蒸して揚げ焼きした蓮根は、むっちりおいしい♪　下味がついているからそのままパクリ。磯の香りも楽しくて、お弁当にもいいですね。揚げ焼きじゃなく、サクッと揚げてももちろんOK！

1. 蓮根を2cmくらいに切り、お皿に入れてお醤油を回しかけます。小麦粉を水でとき、たっぷりの青のりと塩ひとつまみを加え、衣を作ります。
2. 蒸気のあがった蒸し器で、蓮根を皿ごと蒸します。まんべんなく味がしみこむように途中裏返し、15分。蒸し上がったら衣をからめます。
3. ごま油をしいたフライパンで2の蓮根を焼きつけます。慌ててかきまわすと衣がはがれてしまうから、片面をじっくり焼き、カリッと焦げ目がついたらひっくり返してさらに焼き、両面こんがり焼けたら完成です。

材料：一人分
- 蓮根　4～5cm
- 醤油　大さじ1/2
- 小麦粉　適量
- 青のり　適量
- 塩　ひとつまみ
- ごま油　適量

💬「磯部揚げは衝撃だったなあ。あまりにおいしくて」(lavidafeliz_solsoさん)

「野菜だけじゃ物足りない」。そんな人はフライや唐揚げをどうぞ。ボリュームとパンチのきいた味に大満足！

ごぼうで☆串カツ

つまみに最高！

オーブンで焼けば低カロリー、もちろん揚げてもOK

肉以上の満足感、歯ごたえも食べ応えも十分の、ガッツ系のごぼうの串カツです。ソース味とごぼうって不思議と合うんです。おやつにパクリ、おつまみにガブリ。ビールが進んで危険です！

1. ごぼうは皮をこそぎ、数分茹でます。ゆで加減はお好みですが、かなり固め、歯ごたえが残ったほうがおいしいです。
2. 小麦粉をウスターソースで溶き、衣を作ります。この衣をごぼうに絡め、パン粉をまわりにしっかりつけます。
3. オーブンで2を焼き、こんがり焦げ目がついたら完成です。

材料：一人分
- ごぼう（太めのところ）　10cmぐらい
- ウスターソース　適量
- 小麦粉　適量
- パン粉　適量

「ごぼうとソースも、とっても気になる〜！　本当に美味しそうですっ♪」（美里さん）

なんちゃって☆さつま揚げ

むっちりおいしい！

紅生姜はマスト！　他の具材はお好みでどうぞ。

さつま揚げというと普通は魚のすり身で作りますが、これは里芋で。紅生姜がポイントになって、ホントのさつま揚げみたいな味がするから不思議です。ボリュームも満点、おいしいです！

1. 里芋を蒸す、または茹でて竹串がすっと通るまで火を通します。紅生姜は刻んでおきます。
2. 里芋をマッシャーでつぶしスプーンで混ぜてこねます。粒が残らないよう、なめらかに。ほかの材料も加えて混ぜ合わせます。片栗粉の量は少なめだとふんわり柔らか、多めならむっちり歯ごたえのある仕上がりになります。今回は大さじ1の片栗粉でふんわり目に。むちっとさせたい時は大さじ2〜3くらい使います。
3. 2のタネをさつま揚げの形にまとめ、やや多めの油を敷いたフライパンでこんがり焼きつけます。

材料：一人分
- 里芋　小2個
- 紅ショウガ　適量
- グリンピース　適量
- 片栗粉　適量
- 醤油　少々

「大根餅が好きな人は気にいるでしょうね。このモチモチ感」（よしこさん）

熱々シューマイ

玉ねぎだけの☆キラキラシューマイ 〈玉ねぎ100%!〉

蒸し器に蒸し布やレタス、キャベツなどを敷くとくっつきません

透き通った玉ねぎがキラキラきれい♪とっても甘くて、むっちりおいしい、大好きなレシピです。材料が玉ねぎだけなんて信じられないリッチなお味。騙されたと思ってお試しを!

❶ 玉ねぎはみじん切りにしておきます。
❷ 1の玉ねぎとほかのaの材料すべてを混ぜ合わせてタネを作ります。片栗粉は玉ねぎがうまくまとまる量で調節してください。
❸ 1のタネを焼売の皮で包み、10分程度蒸せば完成です。酢醤油や辛子醤油など、お好みのタレにつけながらいただきます。

材料:一人分
- a 玉ねぎ(みじん切りの状態で) 1/2カップ強
- 塩 ひとつまみ
- 片栗粉 大さじ1.5〜2
- 生姜(すり下ろし) 少々
- 醤油 小さじ1/2
- シューマイの皮 4〜5枚

「本当に目からうろこで大騒ぎでした」(winさん)
「玉ねぎが甘くて美味しいのですよ。これまたシンプルでいて、玉ねぎの味を満喫できる···という。とっても美味でした」(Baby's Houseさん)
「玉ねぎだけだけど、満足感いっぱいv これからも、繰り返し作りたいレシピです♪」(六花さん)
「玉ねぎだけ? と思いつつも作ってみたら、片栗粉がいいつなぎになっていてもっちり甘いw 玉ねぎって甘いのねぇ」(aki_bellcatさん)

蒸したてをハフハフ言いながら食べるシューマイは、嬉しいおかず。野菜だけの焼売は肉より甘くておいしいです。

むっちり☆ねぎシューマイ

（蒸すまで2分！）

オートミールは柔らかめ、固めのどちらでも（96P）

ツブツブした食感が挽肉みたい！ ツブツブの正体はオートミール。食感も楽しいし、甘みが出るのも嬉しいおまけ。ねぎをきざめば後は混ぜて包むだけ。蒸し器に入れるまで2〜3分です。

1. 葱はみじん切りにし、塩ひとつまみ（分量外）をまぶします。
2. 1にオートミールを加えて混ぜ合わせます。ねぎ10gにオートミール大さじ1が目安の量ですが、まとまりにくければ少しオートミールの量を増やします。
3. 2の種をシューマイの皮で包み、湯気の立った蒸し器で5〜6分蒸せば完成です。

材料：一人分
- ねぎ　50gくらい
- オートミール　大さじ5強
- シューマイの皮　5〜6枚

「見た目、絶対シュウマイですけど、、、オートミールなんですよね！」（はるちんさん）

プリッと☆海老シューマイ

（人参でヘルシー）

ひとつまみの塩が人参の甘みを引き出すコツです。

海老シューマイみたいにプリップリ。おいしいシューマイができました。鮮やかな海老色はおろし人参のおかげ。人参の甘みもいい感じ。下味がついているからそのままパクリとどうぞ！

1. 人参はおろし金ですり下ろし、玉ねぎと椎茸はみじん切りにしておきます。生姜はすり下ろしておきます。
2. 1の材料に塩ひとつまみを加えて全体になじませます（これが人参の甘みを引き出すコツ！）。ここに片栗粉と昆布茶を加えてタネにします。
3. 2のタネを焼売の皮に包み、湯気のあがった蒸し器で10分ほど蒸せば完成です。

材料：一人分
- 人参（すり下ろした状態で）　1/4カップ
- 玉ねぎ（みじん切りの状態で）　1/4カップ
- しいたけ　2枚
- 片栗粉　大さじ2
- 生姜　少々
- 塩　ひとつまみ
- 昆布茶　小さじ1/2
- シューマイの皮　5〜6枚

「にんじんレシピ嬉しいです♪　早速来週作らないと!!!」（ゆいさん）

なんでも「お焼き」

のり塩味の☆じゃがいもお焼き <small>あるものだけで</small>

青海苔の香りが決め手。少したっぷりめに使うとおいしいですよ。

スナック菓子みたいなじゃがいものおかずです。軽くてふんわり、外はサクッ。青のり風味がたまりません。おかずにはもちろん、ビールにもぴったり。お子さんのおやつにもいいですね。

1. じゃがいもをごく細切りにしてaの材料と混ぜ合わせます。小麦粉は大さじ1が目安の量ですが、じゃがいもがうまくまとまる量で調節してください。
2. フライパンに油少々を熱し、1のタネを一口大ずつまとめて落とし、焼きつけます。
3. 片面がこんがり焼けたら裏返し、3〜4分蒸し焼きに(83P・コツ5)。両面カリッと焼ければ完成です。

材料：一人分
- じゃがいも　70〜80g
- a 塩　小さじ1/4
- 　青のり　小さじ1
- 　小麦粉　大さじ1
- 油　適量

「体質が変化したのか、スナック系のお菓子が食べられなくなってしまったのでこれは嬉しかったです。ヘルシーですし！とっても簡単！」(etmarieさん)

モチモチ☆小松菜チヂミ <small>青菜たっぷり！</small>

紅生姜が味のポイントですが、苦手なら量を控えめに。

小松菜もいつもおひたしでは飽きちゃいそう。たまには目先をかえてチヂミに変身♪　モチモチおいしい小松菜チヂミにお好みのタレを添えて。おつまみにもいいし、ランチにもGood！

1. 小松菜は小口切りにして塩ひとつまみをまぶし2〜3分そのままに。紅生姜は刻んでおきます。
2. 小松菜から水分が出てきたら片栗粉と紅生姜を加えてタネをまとめます。片栗粉の分量はうまくまとまるように調節してください。
3. フライパンにごま油を熱して2のタネを広げ、じっくり焼き上げます。片面がカリッとなったら裏返して火を弱め、時々フライ返しでギューッと押しつけ、両面カリッと焼けたら完成。切れ目を入れて皿に盛り、酢醤油など好みのタレを添えていただきます。

材料：一人分
- 小松菜(小口切りの状態で)　1カップ
- 塩　適量
- 片栗粉　大さじ3
- 紅生姜　大さじ1
- ごま油　適量

「紅生姜大好きなのでたっぷり入れたら醤油もいらないくらい。ちょっぴり刺激的で大満足でした☆」(hitorimacroさん)

素材を粉でまとめて焼く「お焼き」は、余りものでもできる嬉しいおかず。お財布がピンチのときのご馳走です。

えのきのお焼き（えのきだけ！）

タネがまとまりにくければ片栗粉は大さじ2に増量を。

えのきがお焼きに!?　意外かもしれませんが、これおいしい♪　えのきの香りがとってもいいし、もっちりコリリ、歯ごたえもナイス。おつまみにもおかずにも、お弁当にもおすすめです。

1. えのきは石突きを取り除き、1～2cmの長さにザクザク切ります。
2. 1をボウルなどに入れ、塩をふたつまみくらい全体に馴染ませ、片栗粉を加えて混ぜ合わせます。
3. フライパンを火にかけてごま油を熱し、2のタネを濡れた手で一口大にまとめて焼きつけます。片面がこんがり焼けたら裏返し、蓋をして2～3分蒸し焼きに（83P・コツ5）。中まで火が通り、両面がカリッと焼けたら完成です。

材料：一人分
- えのき　80g
- 塩　適量
- 片栗粉　大さじ1と1/2
- ごま油　適量

「私のお気に入りはえのきのおやきです!!」（いもこさん）

うさぎ娘の☆人参お焼き（人参でヘルシー！）

最初に塩をまぶすのが、人参の甘みを引き出すコツです。

うさぎも喜ぶ、人参の甘〜いお焼きです。細切り人参の繊細な食感と味わいがなんともおしゃれ。ひとくち食べれば甘みに思わずニッコリ。カロチンたっぷり、お肌にもよさそうです。

1. 人参はごく細く切ってボウルに入れ、塩ひとつまみを全体に馴染ませます。そのまま2～3分、置いておきます。
2. 人参がじんわり汗をかいたようになったら片栗粉とすりゴマを加えて混ぜあわせ、タネをまとめます。片栗粉の量は人参の水分で調節を。
3. 2のタネを一口大にまとめ、オリーブオイルをしいたフライパンで焼きつけます。片面に焦げ目がついたら裏返して蒸し焼きに（83P・コツ5）。両面がこんがりやけければ完成です。

材料：一人分
- 人参（細切りの状態で）　1カップ分
- 塩　ひとつまみ
- 片栗粉　大さじ2
- すりゴマ（白）　大さじ1/2
- オリーブオイル　適量

「人参のお焼き、作りましたよん。すり胡麻の代わりにコリアンダーとドライパセリ入り。人参1本ぺろり楽勝ですね♪」（海苔さん）

📢 豆腐の実力!

失敗しない がんもどき 〈水切りいらず!〉

🍃 オートミールがつなぎです。柔らかめのタイプ（96P）がおすすめ。

アラ簡単♪　お豆腐の水切りもなし、揚げもしないで、アツアツハフハフのがんもどきができました。できたてのがんもどきは、最高のご馳走です。海藻類もいい味のアクセントです。

① 豆腐をキッチンペーパーやふきんに包み、ギューッと水気を絞ります。そのままグシャッとつぶしてボウルに入れ、ほかの材料と混ぜ合わせ、一口大のミニがんも型に丸めます。
② フライパンに油少々を敷き、1のタネを転がしながら焼きつけて完成です。

材料：一人分
- 木綿豆腐　80g
- オートミール　大さじ1
- 片栗粉　大さじ1/2
- 好みの野菜何でも（みじん切りの状態で）　大さじ1
- 乾燥の海藻類（ひじき、わかめ、あらめ、刻み昆布など）　2つまみ
- 塩　少々

💬「私の1番好きな料理ゎ失敗しないがんもどきデス」（のりさん）

ベジタリアンの 麻婆豆腐 〈挽肉みたい!〉

🍃 オートミールは固めのタイプ（96P）がおすすめ。

肉を使わないヘルシーな麻婆豆腐です。挽肉のかわりにオートミールを使います。つぶつぶ感が挽肉っぽい歯ごたえで面白いですよ。干し椎茸のうまみのおかげでダシすらいりません。

① 干し椎茸はあらかじめ水に浸して戻しておきます。戻し汁は後で使うのでとっておきます。
② ねぎ、にんにく、しょうが、もどした椎茸はみじん切りに。フライパンにごま油を熱してねぎとにんにく、しょうがを炒めます。香りがたったら豆板醤を加え、椎茸も入れて炒め合わせます。
③ 1に干し椎茸の戻し汁を注いでひと煮立ち。サイの目に切った豆腐を加え、オートミールも加えます。2〜3分煮込み、料理酒と醤油で味を整えます。片栗粉を水でとき、流し入れてとろみがついたら完成です。

材料：一人分
- 豆腐　1/2丁
- オートミール　大さじ2
- 干し椎茸　2個
- 葱　10cmぐらい
- にんにく、しょうが　各少々
- 椎茸の戻し汁　1カップ少々
- ごま油　適量
- 豆板醤　小さじ1/2
- 料理酒　大さじ2
- 醤油　小さじ1
- 水溶き片栗粉　適量

💬「ベジタリアンの麻婆豆腐もオートミールのお肉ととろみが絶妙」（さとちかさん）

植物性タンパク質の代表はやっぱりお豆腐。肉や魚がなくても、お豆腐のおかずがメインなら栄養もバッチリです

厚揚げで☆ボリューム酢豚

ボリューム満点！

厚揚げを手でちぎったほうが味がよくなじみます。

肉代わりに厚揚げを使ったボリューム満点の酢豚です。ヘルシーだけど満足感は十分。たまにはこんなガッツ系のおかずも嬉しいですね。野菜はなんでも、冷蔵庫にあるものでいいですよ！

1. 厚揚げは熱湯をかけて油抜きし、一口大に手でちぎります。料理酒と醤油少々をふって下味をつけ、片栗粉をまぶしておきます。
2. 野菜は一口大に切っておきます。人参など火の通りにくい野菜は下ゆでを。生姜とにんにくはみじん切りに。aの調味料を合わせ、水50ccで溶いておきます。
3. ゴマ油を熱し、生姜とにんにくを炒め、香りがたったら厚揚げを入れてカリッと焼き、野菜も炒め合わせます。野菜がしんなりしてきたらaをジュッと流し込み、とろみがついたら完成。

材料：一人分

厚揚げ	70gくらい
料理酒、醤油	各少々
片栗粉	適量
好みの野菜(玉ねぎ、人参など)	適量
生姜、にんにく	各少々

a:
- 昆布茶　小さじ1/2
- 料理酒　小さじ1
- 酢　大さじ1
- 醤油　小さじ1/2
- ケチャップ　大さじ1/2
- (お好みで)豆板醤　少々
- 片栗粉　小さじ1

ゴマ油　適量

「美味しかった〜☆子どもたちもワシワシ食べてました」(まめころりんさん)

ピリ辛豆腐

つまみにピッタリ

焼きつけるのではなく、カリッと揚げてもいいですよ。

ゆず胡椒をピリリと効かせた、お洒落な味の揚げ豆腐です。半端に豆腐が残ってしまったとき、キッチンペーパーに包んでおくと、翌日、水切りのプロセスなしで手軽に作れます。

1. 木綿豆腐はキッチンペーパーで包んでお皿などにのせ、しばらく水切りします。
2. 1のお豆腐を一口サイズに切り、表面にゆず胡椒を好みの量塗りつけ、片栗粉をまぶします。
3. フライパンにオリーブオイルを熱し、2を焼きつけます。急いで裏返すと衣がはがれてしまうから、じっくり焼いてカリッとなったら裏返し、両面カリッと焼くのがコツです。

材料：一人分

木綿豆腐	半丁
ゆず胡椒	適量
片栗粉	適量
オリーブオイル	大さじ1〜2

「美味しかったです！海外にいると、こんなお料理には涙がでそうになります」(drpionさん)

乾物で主役のおかず

高野豆腐の煮物の残りが大変身。一口食べてアラ、ビックリ。まるで鶏の唐揚げです！ 作り方はとっても簡単。レシピでは煮含めるところから説明してますが、残り物を使うと簡単です。

① 高野豆腐はぬるま湯で戻し、柔らかくなったら軽く押して、水気を絞ります。
② だし汁を沸かして料理酒と醤油で薄く味をつけ、1の高野をコトコト煮含め、煮汁がほとんどなくなったら火を止めます。
③ 2の煮汁を軽く絞り、一口大にちぎります。片栗粉をまわりにまぶしつけ、少量の油で揚げ焼き(82P・コツ4)にすれば完成です。

材料：一人分
高野豆腐 1枚
だし汁 1カップ弱
料理酒、醤油 各適量
片栗粉 適量
油 適量

変身☆唐揚げ 〈残り物が変身!〉

レシピは揚げ焼きですがカラリと揚げてもOKです。

「へぇ～‥高野豆腐で～～～‥‥やってみる価値大・大!!!」(megumin321さん)

肉なしロールキャベツ 〈ダシもいらない!!〉

落としぶたをして煮ると、煮汁が全体にまわって味が染みこみます。

肉も使わず、スープの素も使わないのに、おいしいロールキャベツができました。タネに使った切り干し大根のうまみのおかげで、スープもいいお味。トロトロのキャベツも深い味わいです。

① 切り干し大根は水で戻し、みじん切りに。椎茸もみじん切りにして切り干しとあわせ、ひとつまみの塩を混ぜ合わせて下味をつけます。
② ここに適量の小麦粉を加えて丸くまとめます。小麦粉の量は種が固まるくらいでOK。
③ 切り干しの戻し汁と水をあわせて1カップにし、沸騰させてキャベツを茹でます。キャベツが柔らかく茹だったら2のタネを包みます。
④ 3の茹で汁に塩ひとつまみを加えてロールキャベツと好みの野菜、月桂樹の葉を入れ、コトコト20分煮込んだら完成です。

材料：一人分
切り干し大根 ひとつかみ(20gくらい)
小麦粉 適量
キャベツ 1枚
椎茸 1枚
好みの野菜 適量　月桂樹の葉 1枚

「美味しい～!切干大根から甘味のある出汁が出て、キャベツの甘味とあいまって、まさに「滋味豊か」という感じ」(YASHIGANIさん)

お麩や高野豆腐、切り干し大根などの乾物は、保存がきいて便利です。工夫すればメインのおかずに大変身!

肉なし青椒牛肉絲 <あるものだけで!>

お好みで、豆板醤でピリ辛にしてもおいしいです。

切り干し大根と、後は青い野菜の切れ端があれば、肉なしでもとってもおいしい青椒牛肉絲の完成です。切り干しのうまみと歯ごたえは、肉よりおいしいかも？ 丼仕立てもおすすめです。

1. 切り干し大根はさっと洗って水に1〜2分浸して戻します。戻した切り干しは食べやすく切り、ピーマンは細切りに。ねぎ、ニンニク、生姜はみじん切りにしておきます。
2. 切り干しの戻し汁50ccにaの調味料を入れ、混ぜ合わせておきます。
3. フライパンにごま油を熱し、ねぎ、ニンニク、生姜をいため、香りが立ったら切り干しとピーマンを炒め合わせます。ピーマンがシャッキりきれいな緑色に変わったら、2のタレを加えてひと煮立ち、水溶き片栗粉でとろみをつけます。

材料:一人分
切り干し大根 ひとつかみ（15gくらい）
ピーマン 1個
a 醤油 大さじ1/2
　料理酒 大さじ1/2
葱、ニンニク、しょうが 各少々
水溶き片栗粉 適量
ごま油 適量

「とても美味しくて、何度もリピートしてしまう予感です」(yukariさん)

車麩の角煮風 <ダイエット向き!>

めんつゆじゃなく、料理酒と醤油を水で割ったタレでも。

角煮みたいだけど低カロリー。お麩で作った角煮もどきです。一口食べると汁がジュワッ、ジューシーでおいしいけれど食べ過ぎてもまず太りません。ラーメンのトッピングにもピッタリです。

1. 好みのめんつゆを薄めに水で割り、車麩を浸します。10分も放っておくと柔らかく戻るので、軽く水気を切って1／4に切ります。
2. 1に片栗粉を薄くまぶしつけます。
3. フライパンに油少々を入れて火にかけ、2を焼きつけます。両面にいい焦げ色がついたら料理酒と醤油をジャッとかけ、煮詰めて照りが出たらできあがり。

材料:一人分
車麩 1個
めんつゆ 適量
片栗粉 適量
料理酒、醤油 各少々

「角煮はお肉大好き旦那も『なんかわからんけど旨い』とお気に召している様子」(natsuさん)

子供も大好き、楽しいおかず

卵なしのオムレツ (アレルギーでもOK)

グリーンピースなど好みの具を入れてもOKです。

卵じゃないならこれは何!?とろーりおいしいオムレツです。材料はなんとお豆腐とトロロ。卵アレルギーのお子さんでも食べられますし、コレステロールが気になる方にもいいですね。

1. 長いもはおろし金ですり下ろしてトロロにします。これをボウルなどに入れ、お豆腐を手でぐしゃっと握りぶつして加えます。塩とターメリックも加えてフォークなどでよく混ぜ合わせます。
2. フライパンにオリーブオイルを熱し、1のタネを流し込み、オムレツ型にまとめます。蓋をして火を弱め、3分くらい蒸し焼きに。両面にきれいな焦げ色がついたら完成です。

材料:一人分
- 長いも　80gくらい
- 木綿豆腐　1/4丁
- 塩　小さじ1/3
- ターメリック　小さじ1/2
- オリーブオイル　適量

「本当にふわふわのオムレツに仕上がるので大好きです」(duffne-rabiさん)

ふんわり卵焼き (アレルギーでもOK)

もちきびなど雑穀の炊き方は67Pを見てくださいね。

卵じゃないけど、ふっくらおいしい卵焼きができました。見た目もまるで卵みたいですが、味もしっかり卵です。雑穀のきびを使うから、やや手はかかりますが、とってもおいしいですよ!

1. 木綿豆腐はキッチンペーパーに包んでギュッと水気を絞りつつ、グチャッとつぶします。
2. 1と残りの材料すべてを混ぜ合わせ、卵焼き器(またはフライパン)に油(分量外)を敷いて、卵焼き型に焼きつけます。

材料:一人分
- 木綿豆腐(くずした状態で)　1/4カップ
- 炊いたもちきび　1/4カップ
- 醤油　大さじ1/2
- みりん　大さじ1
- 片栗粉　大さじ1

「感激のレシピです〜(涙)いつも、ご飯に入れていただくしかなかったので・・・」(かぐやひめさん)

野菜だけといっても地味メシばかりじゃつまらない！子供が喜ぶ楽しいおかずも作りましょう。

ニセホタテの豆乳グラタン
アレルギーでもOK

舞茸を使うと、アサリのグラタンみたいになりますよ

"なんちゃってホタテ"入りのベジタリアンのグラタンです。ホタテどころか乳製品も使ってません。なのにトローリなめらか、とってもクリーミーなおいしさです。アツアツをどうぞ！

1. エリンギは横に切ってホタテのような形に。好みの野菜を食べやすく切ります。小鍋にエリンギと野菜を入れて料理酒少々と塩ひとつまみをふりかけ、2〜3分蒸し煮。蒸し上がったらオイルを塗ったグラタン皿に並べます。
2. 小鍋にaをいれ、泡立て器で小麦粉を溶かします。そのままたえずかき混ぜながら強火にかけ、沸騰したら弱火に。とろみがついたら火をとめて。
3. 1の野菜の上に2のクリームをトロリとかけ、パン粉少々を振りかけてオーブンへ。表面にきれいな焦げ色がついたら完成です。

材料：一人分
- a 豆乳 150cc
  - 小麦粉 大さじ1
  - 塩 小さじ1/4
  - 胡椒 少々
- エリンギ 1本
- 好みの野菜 適量
- 料理酒、塩 各少々
- パン粉 適量

「豆乳のグラタンも、とろーりで美味しかったです☆」(chiguさん)

ちくわぶの磯辺揚げ
5分でできる！

ちくわぶは素揚げやソテーしてもおいしいですよ

ちくわの磯辺揚げではなくて、ちくわぶの磯辺揚げです。ちくわよりもボリュームがあって、もっちりしておいしい♪ 意外なおいしさ、お子さんの海苔弁のおかずにもいいですね。

1. ちくわぶ1本を半分に切り、さらに縦に半分に切ります。小鍋に昆布茶を煮立て、ちくわぶを3分くらい煮込みます。昆布茶の濃さは普段飲むときと同じくらい。火を止めたら自然に冷まし、味を含ませます。
2. 小麦粉と青のり、塩ひとつまみを混ぜ合わせ、水で溶いて天ぷらの衣くらいのゆるさにします。1のちくわぶにこの衣つけ、やや多めの油を熱して転がしながら揚げ焼きにします。

材料：一人分
- ちくわぶ 1/4本
- 昆布茶 適量
- 小麦粉 適量
- 青のり 適量
- 塩 ひとつまみ

「おお〜〜、涙が出そうななつかしの海苔弁だ〜」(elliottyyさん)

もっと！主役のおかず

肉なしすき焼き

❶白菜はざく切りに。それ以外の野菜やキノコも食べやすく切って鍋にいれます。かなり大量でも大丈夫。ここに醤油、料理酒、ごま油をまわしかけてぴっちり蓋をし、火にかけます。最初は強火、湯気がしゅんしゅん立ったらごく弱火にしてそのまま放置。30分くらい放っておきます。
❷かさが減って、いい具合に煮えたらアツアツをいただきます。

🍴材料：一人分
●白菜　大４～５枚●春菊、しいたけ、ねぎなど好みの野菜　適量●醤油　大さじ１弱●料理酒　大さじ１●ごま油　小さじ１

極甘☆南瓜のピーマンカップ

❶ピーマンは縦に半分に切り、種をとっておきます。南瓜は一口大に切って塩を軽くふり、湯気の上がった蒸し器で蒸します。竹串がすーっと通ったら蒸し上がり。マッシャーでつぶします。
❷つぶした南瓜に塩ひとつまみと豆乳、カボチャの種を加えてスプーンでかき混ぜます。このタネをピーマンに詰め、パン粉少々を上から押しつけるようにのせます。お好みでオリーブオイル少々をふり、オーブンへ。こんがり焼けたら完成です。

🍴材料：一人分
●ピーマン　半分●南瓜　50g●カボチャの種（市販のドライナッツ）　約20粒●豆乳　小さじ１●塩　適量●パン粉　適量●オリーブオイル　少々

鰻の蒲焼き☆菜食版

❶長芋はすってトロロにします。片栗粉を加えて混ぜ合わせます。
❷卵焼き器（またはフライパン）に海苔を敷き、１のタネをのせて焼きつけます。火が通ってタネが固まってきたら裏返し、こんがり焼き上げ、皿に取ります。
❸卵焼き器（またはフライパン）にAの調味料を入れ、煮立ったら２を戻して味をからめて完成です。

🍴材料：一人分
●長芋　50～70g●片栗粉　大さじ１●焼き海苔　適量●A 料理酒　大さじ１、醤油　大さじ１／２

蓮根のミルフィーユ

❶蓮根は半分はすり下ろし、半分は薄切りにしておきます。紅生姜は細かく刻んでおきます。
❷下ろした蓮根に片栗粉と紅生姜、青海苔を混ぜてタネを作ります。
❸薄切り蓮根と２のタネを段々に重ね、ごま油を熱したフライパンで焼きつけます。最初は強火、カリッと焦げ目がついたら裏返して弱火に。蓋をして中までしっかり火が通ったら完成です。

🍴材料：一人分
●蓮根　150gくらい●片栗粉　大さじ１と１／２●紅生姜　大さじ１●青海苔　大さじ１●ごま油　適量

ベジタリアンの海老しんじょ

❶冷やごはんをビニール袋に入れ、手でモミモミしてつぶします。しつこくつぶしても、粒が残ってもそれはお好みで。
❷１をボールなどにあけ、紅ショウガと片栗粉を混ぜ合わせます。このタネをお団子型に丸めます。
❸フライパンでごま油を熱し、２のお団子を転がしながら焼きつけます。慌ててかき回さず、カリッと焼けたらコロン、またカリッと焼けたらコロンとじっくり焼くのがコツです。

🍴材料：一人分
●冷やごはん　２／３カップ●紅ショウガ（刻んだ状態で）　大さじ１●片栗粉（またはくず粉）　大さじ１／２●ごま油　大さじ１くらい

ベジタリアンの鶏ハム

❶高野豆腐はぬるま湯に浸して戻します。柔らかく戻ったら水気を絞ります。
❷小鍋にスープのもとと水を入れてコンソメスープを作ります。味はいつものスープくらい、量は高野豆腐がひたひたに浸るくらいに。ケチャップも混ぜて溶かし、高野豆腐を入れてじっくり煮含めます
❸時々裏返して味をしみこませ、水分がすっかりなくなるまで煮詰めます。お玉でむぎゅっと押しても水分が出なくなったらOK。"あら熱"が取れたら冷蔵庫にしまい、よく冷えたら薄くスライスして盛りつけます。

🍴材料：一～二人分
●高野豆腐（厚めのもの）　１枚●スープの素　適量●ケチャップ　大さじ１

野菜が主役のおかずがまだまだたくさん！ どれも意外なおいしさです。

カリカリタンドリー

① 厚揚げは熱湯をかけて油抜きしておきます。ビニール袋にAの材料をすべていれ、厚揚げを入れて口をしめ、軽くモミモミして味をなじませます。そのまま冷蔵庫にしまって30分以上おき、味をしみこませます。朝仕込んでおいて、夜まで放置しておいてもかまいません。
② フライパンに油を熱し、タレから引き上げた厚揚げをカリッと焼きます。
③ 食べやすく切ってからフライパンに戻し、残ったタレをからめて軽く温め、完成です。

材料：一人分
- 厚揚げ 1/2枚 ●A　レモン汁 大さじ1/2、豆乳 大さじ1、コリアンダー 小さじ1/3、クミン 小さじ1/3、ターメリック 小さじ1/4、塩 小さじ1/4、にんにく、生姜（すり下ろし）各少々

人参のムニエル

① おにぎりを作るのと同じように、手を濡らして塩をつけ、2つ割りしたにんじんに塩をまぶします。湯気の上がった蒸し器にこれを入れ、竹串がすーっと通るまで蒸します。今日のにんじんはとっても立派なにんじんだったから15分くらい。中サイズのものなら10分くらいで蒸し上がると思います。
② 蒸し上がったにんじんに塩とコショウを振り、小麦粉をふりかけてまぶしつけます。フライパンにオリーブオイルを敷いて焼き、きれいな焦げ色がついたら完成。ナイフとフォークでいただきます（＊お好みでバルサミコ酢少々をかけるとおいしいです）。

材料：一人分
- にんじん 大1/2本（中くらいのなら1本まるごと）
- 塩、コショウ 各適量 ●小麦粉 適量

ふわとろ☆豆バーグ

① ひたし豆はポテトマッシャーやフォークで荒くつぶしておきます。ツブツブが残っても大丈夫！ 長いもはすり下ろしてトロロにします。
② マッシュしたひたし豆とトロロ、小麦粉と塩をスプーンでグルグルかき混ぜます。
③ フライパンに油を熱し、2のタネを一口サイズずつぽっとんと落とし、両面がこんがり焼ければ完成です。

材料：一人分
- ひたし豆（茹で上がった状態で） 1/2カップ ●長いも 50g ●小麦粉 大さじ1 ●塩 ひとつまみ

ベジタリアンの鶏つくね

① 粉状の高野豆腐（またはおろした高野豆腐）にぬるま湯を注いでかきまぜ、戻します。ねぎはみじん切りにしておきます。
② 戻した高野豆腐の粉とねぎ、小麦粉を混ぜ合わせお団子状にします。小麦粉大さじ2くらいでまとまると思いますが、様子を見て増減してください。
③ フライパンに油を敷き、2のお団子を転がしながら焼きつけます。蓋をして弱火にし、中まで火が通ったら料理酒とお醤油で味をつけ、薄めにといた水溶き片栗粉で照りをだして完成です。

材料：一人分
- 粉状の高野豆腐 50cc ●ぬるま湯 30cc ●ねぎ 10cmくらい ●小麦粉 大さじ2〜3 ●料理酒 大さじ1 ●醤油 大さじ2/3 ●水溶き片栗粉 適量

切り干し大根の肉団子

① 水で戻した切り干し大根をみじん切りに。おからとみじん切りの葱、切り干し大根を合わせ、片栗粉も混ぜ合わせます。この種を、一口サイズのお団子に丸めます。たれ用にAを合わせておきます。
② 蒸気の立った蒸し器で1を3〜4分蒸します。
③ フライパンにオイルをやや多めに敷き、2をコロコロ転がしながら焼きつけます。いい焼き色がついたらたれをからめ、水溶き片栗粉でとろみをつけて完成です。

材料：一人分
- 切り干し大根（戻した状態で） 1/4カップ ●おから 約1/4カップ ●みじん切りの葱 1/4カップ ●片栗粉 大さじ2 ●A　しょうゆ 小さじ1、料理酒 大さじ1、ケチャップ 小さじ1、切り干しの戻し汁 大さじ3 ●水溶き片栗粉 適量

ごぼうのネバネバイタリアン

① ごぼうの皮をこそぎ、一口大に乱切りに。玉ねぎはみじん切り、トマトはざく切り、にんにくは薄くスライスしておきます。
② フライパンにオリーブオイルを熱してにんにくを炒め、香りが立ったらごぼう、玉ねぎ、トマト、塩ふたつまみくらいを加えて炒め合わせます。
③ トマトの水分が煮詰まってごぼうが柔らかくなったらOK。味をみて物足りなければ塩を足し、仕上げに納豆を絡めて炒めあわせて火を止めます。

材料：一〜二人分
- ごぼう 1本 ●玉ねぎ 1/4個くらい ●トマト（小）1個 ●にんにく ひとかけ ●オリーブオイル 適量 ●塩 適量 ●納豆 1パック

vege column 1

「野菜のごはん」を始めたわけは……。

　野菜だけの食生活ですが、「ベジタリアンです」と胸をはっては主張できない私です。

　欧米では菜食の方が増えているようですが、日本では少数派。とはいえ「健康のために」と穀物と野菜が中心で、肉や魚などは控えるマクロビオティックを心がける方は多いですし、環境問題や動物愛護などのために動物性の食品を減らす人もいるみたい。
　では、私はというと……。

　よく「どうしてベジタリアンになったんですか？」と聞かれますが、実はたいした理由はありません。小さなころは偏食で、お刺身は生臭くてダメ。昔は肉はかたくておいしくなかったから、ステーキを奮発されても嬉しくはありませんでした。
　それよりいちばん好きなのは、たくわんや梅干し。「ごはんと梅干しが理想のごはん」と思ってたし、そんな私を「梅干しばかり食べてると、塩分のとりすぎでシワシワになる。梅干しばあさんになるよ」と、母はいましめました。
　「好き嫌いを言ってると大きくなれない」。そう思ってたし、子供のころは給食は食べ終わるまで許してもらえませんでした。偏食してる場合じゃありません。
　そんなこんなでなんとか苦手を克服し、お刺身だって食べられるようになったのは、成人してから後のこと。

　そんな私が「やっぱり野菜だけでいい」と決めたのは、娘が産まれてから。おっぱいが炎症を起こして高熱と痛みでウンウン唸っていたとき、助産婦さんに動物性の食品を控えるように言われたのです。肉や脂っこいものを食べると母乳も油っこくなり、乳腺が詰まりやすくなるというのがその理由。実際、肉や魚を食べると、おっぱいが腫れて痛いったらありゃしない。
　と、書くと健康目的の菜食生活みたいですが、実際のところは……。
　ちょうどそのころからマクロビオティックも流行り出し、外国人のモデルや女優がベジタリアンだという話もチラホラ。知り合った人がベジタリアンだったり、古い知り合いが留学から帰ってきたら肉を食べない人になってたりして。「えっ、いいの!?　肉や魚を食べなくてもいいの!?　なら私も！　私も今日からベジタリアン！」ってな感じでしたので……。
　主義主張や健康目的ではなく、まさしく好き嫌い。言ってみれば趣味のベジタリアン生活が始まったのです。

　さて、そんな不純な動機で始めた野菜ごはん生活でしたが、夫や実家の父母に心配されたのは、やはり「野菜だけで栄養は大丈夫?」ということ。もともとは好き嫌い。趣味の野菜生活を続けるために、調べましたよ、栄養素。そのお話はまた後で♪

第3章

小さなおかず

📢 やっぱりサラダ

天使のサラダ 〔人参オンリー〕

最初にまぶす塩が、人参の甘みを引き立てます。少々の酢も決め手。

細く切った人参が天使の髪の毛みたいにきれい♪ 塩をして蒸すだけで、驚くほど人参が甘くなります。人参好きな方には絶対におすすめのレシピ。仕上げのお酢が味を引き立てるコツです。

1. 人参をごくごく細い千切りにします。鍋に入れて塩ひとつまみを振って軽くかき混ぜ、2～3分放置しておきます。
2. 人参がじんわり汗をかいたように水分が出てきたら(81P・コツ2)、蓋をして火をつけます。弱火で5分。蒸し煮したらOK。オリーブオイル、酢各少々と塩ひとつまみを加えて全体になじませ、お皿に盛っていただきます。

材料：一人分
- 人参 1/2本
- 塩 適量
- オリーブオイル 少々
- 酢 少々

「人参が嫌いだったのに、『天使のサラダ』で、大好きになりました!!」（あんこさん）

水菜のジュッ! 〔ベーコンみたい!〕

オリーブオイルの代わりにゴマ油もおいしいです。

シャキシャキの水菜にアツアツドレッシングをジュッとかけて。とってもおいしいサラダです。カリッと揚げた切り干し大根が、ベーコンみたいで面白い食感。意外なおいしさです。

1. 切り干し大根はさっと洗い、ひたひたの水で1分くらい戻します。柔らかくなったら水気を絞って食べやすく切ります。戻し汁は後で使うのでとっておきます。にんにくは薄切り、水菜も洗って食べやすく切ります。
2. aの調味料と切り干しの戻し汁大さじ2を合わせて、ドレッシングを作っておきます。
3. オリーブオイルを熱し、にんにくと切り干しを揚げ焼きに。カリッとしたら2をジュッと流しこんで火を止め、水菜とからめて完成です。

材料：一人分
- 水菜 1/5株くらい
- 切り干し大根 ひとつまみ(5gくらい)
- にんにく ひとかけ
- オリーブオイル 大さじ1弱
- a 酢 大さじ1
- 醤油 大さじ1/2

「のわ～っと、絶叫しそうな美味しさです」（かなりあさん）

おいしい野菜はシンプルにサラダで食べるのが、やっぱり一番！ブログで人気のあったレシピを紹介します。

玉ねぎのみぞれサラダ

玉ねぎ100%

辛みの強い玉ねぎなら、蒸し時間を少し長くするといいですよ。

玉ねぎスライスをおろし玉ねぎで和えた、Wの玉ねぎサラダです。材料はひとつだけなのに、ビックリするほどおいしいです。騙されたと思ってぜひお試しを。玉ねぎの甘さに驚きますよ！

① 玉ねぎの半分は薄くスライス、半分はおろし金で下ろします。スライスした玉ねぎには塩ひとつまみをまぶしておきます。aの調味料を合わせてドレッシングを作っておきます。
② おろし玉ねぎを鍋に入れ塩ひとつまみを混ぜ合わせます。蓋をして強火にかけ、蒸気が上がったら弱火で4〜5分蒸し煮します。
③ 2にスライス玉ねぎを加えて蓋をし、火を強めます。蒸気があがったら弱火にし、さらに2分。玉ねぎがしんなりしたら火を止めてドレッシングをかけ、ざっくり混ぜ合わせます。

材料：一人分
玉ねぎ（中）　1個
塩　適量
a ┌ オリーブオイル　大さじ1/2
　├ 酢　大さじ1
　└ 醤油　小さじ1

「作ってビックリ!!　本当にのけぞりました〜☆」（まちこさん）

焦がしねぎの蓮根サラダ

材料2つ！

葱が黒こげにならないよう、弱火でじっくり焦がすのがコツです。

火を通して甘くなった蓮根に、焦がした葱が香ばしいドレッシングをかけて。ホットサラダでも冷やしても。サラダというより和え物感覚で、ごはんのおかずにもピッタリですよ。

① 蓮根は薄くスライスしてさっと茹でます。沸騰したお湯に入れて、蓮根につやっと透明感が出てきたらOKです。ねぎはみじん切りにしておきます。
② フライパンにごま油を熱し、ねぎを炒めます。弱火でじっくり。カリッと焦げるまで炒めたら、塩ふたつまみくらいと料理酒を入れ、ジュッといったら火を止めます。このドレッシングを蓮根にかけて完成です。

材料：一人分
蓮根　1/4節くらい
ねぎ　10cmくらい
ごま油　大さじ1
塩　適量
料理酒　大さじ1

「ごま油の風味がたまらなくおいしい、3歳の息子も放っておくとどんぶりいっぱい平らげそうに黙々とたべちゃうんです」（さとちかさん）

とろけるチーズで温サラダ

まるでチーズ！

野菜はなんでも、ブロッコリーや人参、アスパラガスなどお好みで。

とろーりトロトロ、チーズじゃないならこれは何？食べてビックリ、乳製品は使わずにとろけるチーズができました。蒸した野菜にたっぷりかけて、温サラダ仕立てにしてみました。

① aの材料を小鍋に入れます。とけやすくするため、酒粕はちぎって加えましょう。小鍋を弱火にかけ、かき混ぜて酒粕をよく溶かします。酒粕が溶けたらとけるチーズの完成です。
② 好みの野菜を蒸すか茹でて、温野菜を作ります（蒸したほうがうまみが逃げないのでおすすめです）。温野菜を皿に盛り、1をとろーりとかけたら完成です。

材料：二〜三人分
a ┌ 酒粕　20g
　├ 豆乳　1/2カップ
　├ 塩　小さじ1/2
　└ 酢　大さじ1
好みの野菜　適量

「期待以上のおいしさ!!!　本当にチーズ以外の何者でもありませんでした！　根っからのチーズ好きにはお勧めではないかと思います！」（haruzooさん）

やっぱりサラダ2

ダイエット☆ポテト風サラダ　おからでヘルシー！

ポテトサラダはやっぱり大人気。そのまま食べても、パンに挟んでポテトサンドもいいですね。でもジャガイモはカロリーが……。そんな人にはこのレシピ。低カロリーのおからサラダです。

> おからがポソポソして感じるなら、練り胡麻と豆乳を多めに。

1. お豆腐屋さんの新鮮なおからなら加熱せずにそのまま。そうじゃない場合は、フライパンでから炒りしてあら熱をとり、冷蔵庫でよく冷ましておきます。
2. 玉ねぎやキュウリ、人参、ピーマンなど、好みの野菜を食べやすく切り、1のおからと混ぜ合わせます。酢、練り胡麻、塩胡椒を加えて混ぜ合わせ、豆乳を加えて好みのしっとり加減になったら完成です。

材料：一〜二人分
- おから　50g
- 玉ねぎ、きゅうり、人参など好みの野菜　適量
- 酢　大さじ1/2
- 練り胡麻（白）　大さじ1/2
- 塩　ひとつまみ
- 胡椒　適量
- 豆乳　大さじ1〜2

> 「こ・こ・これははまります!!簡単なのにとっても美味しい〜♪ホントにポテトサラダのようです〜☆」（macro_yuuさん）

小松菜とひじきのあったかサラダ　戻さず簡単！

> ひじきは芽ひじきより、長めの長ひじきがおすすめです。

磯の香りが楽しめる、ホットサラダです。乾物のひじきを戻さず、小松菜といっしょに蒸してしまうから、作るのもとっても簡単。ひじきも小松菜も鉄分豊富、貧血予防にもいいですね。

1. 小松菜は食べやすく切り、ひじきはサッと洗っておきます（戻さなくても大丈夫）。生姜は細切り、Aを合わせてドレッシングを作っておきます。
2. 鍋に小松菜とひじき、生姜をいれ、塩ひとつまみをまぶし、1〜2分放置しておきます。
3. 2に蓋をして強火にかけ、蒸気があがってきたら弱火にして2〜3分、小松菜の緑が鮮やかになったらaのドレッシングをジャッとかけて混ぜ合わせ、完成です。

材料：一人分
- 小松菜　1/4束
- ひじき　ひとつまみ
- 生姜　少々
- 塩　適量
- A　ごま油　小さじ1/2
- 　　醤油　小さじ1

> 「ひじきを戻さなくて良いなんて〜と目から鱗でした」（沙羅さん）

ボリュームサラダ、軽～いサラダ。メインディッシュに合わせて選びましょう。

ふんわり☆キャベツの蒸しサラダ

5分でできる！

青海苔の香りが飛ばないよう、混ぜるのは火をとめてから！

蒸したキャベツがふんわり甘い、あったかサラダ。青海苔を混ぜて、ほんのり塩味磯風味。すぐにできるし、なんてことないお料理だけど、こんなひと皿がテーブルに並ぶとホッとします。

① キャベツをなるべく細く細切りにし、鍋に入れて、塩ひとつまみを加えて全体をザッとかき混ぜます。キャベツがじんわり汗をかいたようになったら
② (80P・コツ2) 蓋をして火にかけ、最初は強火に。湯気があがったら弱火にして2～3分。キャベツがふんわり柔らかく、色鮮やかになったら火を止めます。仕上げに青海苔をまぶして完成です。

材料：一人分
キャベツ（細切りの状態で） 1カップ分
塩 ひとつまみ
青海苔 小さじ1

「キャベツと青海苔、名コンビですね」(yukoさん)

なんちゃって☆ツナディップ

小豆でヘルシー！

市販の小豆の水煮を買ってくれば混ぜるだけ。お手軽レシピです。

ツナは入っていないんですが……なぜかツナディップ風の味になりました。スティック野菜につけてサラダとして食べてもいいし、パンやクラッカーにぬってもおいしいですよ。

① 小豆を茹でます。茹でこぼすやり方もありますが、私は手抜きで。洗ったら3倍くらいの水を張り、圧力鍋で5分シュンシュンいわせ、自然に圧が抜けるまで放っておくと、やわらかく茹で上がります。市販の水煮を買ってくればさらにお手軽です。
② 1と残りの材料を合わせ、フードプロセッサーかすり鉢でなめらかにすりつぶします。
③ 好みの生野菜や茹で野菜につけていただきます。

材料：一人分
小豆（茹でた状態で） 1/2カップ
練り胡麻 大さじ1/2
レモン汁 大さじ1
塩 ひとつまみ
にんにく（すり下ろし） 少々

「本当にびっくりするほどツナ味(^_-)-☆なんです。小豆をベースにツナが生まれるなんて驚きです!!」(muscatさん)

🔊 ササッと炒めて

秘密の☆葱塩きんぴら
3分でできる!

納豆とこれをいっしょにごはんにのっけて、丼仕立てもおいしいです。

恥ずかしいくらいなんでもないお料理、葱を炒めただけですから……。人様にお見せできるようなものではありません。だから「秘密の☆」きんぴら。でもこれは驚きの美味しさですよ!

1. フライパンにオリーブオイルを熱し、塩をひとつまみ振り入れ、油に塩味をなじませます（こうしておくと、塩味が全体にムラなく行き渡ります）。
2. 細切りにした葱を入れ、2分くらいサーッと炒めます。葱がしんなりするまで炒めたらできあがりです。

材料：一人分
- 長葱（細切りの状態で）‥‥1カップ分
- オリーブオイル‥‥適量
- 塩‥‥ひとつまみ

「もちろん……おーいーしーいーっ☆」(warawabaさん)

南瓜の塩きんぴら
材料ひとつ!

炒めすぎるとホクホクしちゃうから、ササッと炒めて火を止めて。

シャッキリ炒めた南瓜がおいしい♪ 塩味のきんぴらです。ほくほくの煮た南瓜も好きですが、シャッキリした南瓜のほうが男性ウケはいいようです。南瓜の甘みと塩味がよく合います。

1. 南瓜はごく細い細切りにしておきます。
2. フライパンにオリーブオイル少々を熱し、塩ひとつまみを先にオイルになじませます（これがコツ！こうしておくと、塩味が全体にムラなくいきわたります）。
3. 2に南瓜を入れて2分くらい炒め、まだシャッキリ固いうちに火を止めます。好きなだけ胡椒を振っていただきます。

材料：一人分
- 南瓜‥‥70〜80g
- オリーブオイル‥‥適量
- 塩‥‥ひとつまみ
- 胡椒‥‥適量

「甘い南瓜が苦手な友達も、これなら食べれる!と大絶賛!!お弁当にもよく登場します」(さくさん)

野菜炒めやきんぴらなど、手早く炒める野菜のおかずは忙しい時に大助かり！いろんな野菜で目先をかえて。

キラキラ☆葛きりチャプチェ

残り野菜で！

春雨でも同じようにチャプチェを作れますよ。

くずきりを使って、キラキラきれいなチャプチェができました。本当はチャプチェは春雨で作りますが、くずきりのほうが歯ごたえがあるし、満足感も十分。野菜はなんでも。残り物でも大丈夫。

1. くずきりは袋の指示通り茹で、食べやすく切っておきます。好みの野菜はどれも細切り、すべて合わせて1カップ分用意します。ニラ、にんにく、生姜、葱はあるものだけで大丈夫。いずれもみじん切りにしておきます。
2. フライパンにゴマ油を熱し、ニラ、にんにくなどの香味野菜を炒めます。香りが立ったらくずきりと野菜を炒め合わせ、野菜がしんなりしたらaの調味料で味をつけて完成です。

材料：一〜二人分
くずきり（乾燥の状態で） 15gくらい
好みの野菜（細切りの状態で） 1カップ分
ニラ、にんにく、生姜、葱 適量
ごま油 適量
a 料理酒 大さじ1
　 醤油 小さじ1

「すごーーく美味しかった!!どんな野菜入れてもOKだし、こういう麺系大好き〜」（ちゃちゃさん）

男味☆甘辛きんぴら

5分でできる！

豆板醤が決め手ですが、お子さん向けならぐっと量を減らして。

甘いさつまいもを韓国風のピリ辛味で。ちょっと意外で新鮮な、おいしいきんぴらができました♪ごはんのおかずにもいいし、おつまみにもぴったり。さつまいも嫌いの男の人にもウケそうです。

1. さつまいもとピーマンは細切り、生姜は針のように細く切っておきます。
2. フライパンにごま油を熱し、塩をひとつまみ加えて油に馴染ませます（これがコツ!）。そこに生姜を入れて炒め、さらにさつまいもを加えて炒めあわせます。さつまいもに油が馴染んだら料理酒と水50ccほど足して炒め続けます。
3. さつまいものしゃっきり感が残っているうちにピーマンと豆板醤を加え、味が絡まったら完成です。

材料：一〜二人分
さつまいも 50g
ピーマン 1/2個
生姜 ひとかけ
ごま油 適量
塩 適量
料理酒 大さじ1
豆板醤 小さじ1/2

「さつま芋の甘さにピリッとする味付け・・・やりますなぁ」（na_geannaさん）

📢 ササッと炒めて2

シャッキリ☆セロリの塩きんぴら <セロリまるごと>

🧑‍🍳 アツアツで食べるなら塩は少しで。冷めてから食べるならやや多めに。

シャッキリおいしいセロリのきんぴらです。セロリのお洒落な香りを邪魔しないよう、味つけは塩味でシンプルに。葉っぱも細かく刻んでいっしょにからめれば、セロリを丸ごと食べられます。

1. セロリの軸は細切り、葉はみじん切りにしておきます。
2. ごま油を熱して塩ひとつまみを油に馴染ませます（これがコツ！）。最初にセロリの軸を炒め、しんなり透明感が出てきたら葉を入れて全体にからめ、完成です。味を見て物足りなければ塩少々を補いましょう。

材料：一人分
- セロリ　1/2本
- 塩　ひとつまみ
- ごま油　少々

💬「私もセロリのきんぴらはよく作りますが、葉っぱを入れたことはありませんでした。次回やってみますね！」（もぐぱぐさん）

いつもの大根 <3分でできる！>

🧑‍🍳 2、3日は持つので常備菜としてもおすすめです。

うちの娘の大好物。週に1度は朝食に登場する「いつものアレ」、大根のきんぴらです。大根だけより、白滝が入ったほうが食感の違いが楽しめますよ。ごはんにぴったりのおかずです。

1. 大根は細切り、白滝は食べやすく切っておきます。
2. ゴマ油を熱して1を炒め、しんなりしてきたら醤油を回しかけて炒りつけます。大根の水気が少なく、焦げそうな時は水少々をさして炒り続け、大根がツヤッと透明になったら完成です。

材料：一人分
- 大根　3cmくらい
- 白滝　20gくらい
- 醤油　小さじ1弱
- ごま油　適量

💬「旨〜い！少し一味唐辛子をプラスしたのですが、もうご飯が進む進む！」（まりあさん）

白菜、セロリ、ししとうetc、野菜ひとつでもササッといためれば立派な一品に!

大人の ししとう

2分でできる!

🗨 食欲のない日はうどんにこれをたっぷりかけて。おいしいですよ!

ごはんにのせてよし、麺にのせてよし、冷や奴やサラダのトッピングもまたおいしい。冷蔵庫に常備しておきたい一品です。作り方はホントに簡単。サッと炒めるだけで完成です。

1. ししとうは小口切りにしておきます。
2. フライパンにごま油を熱し、塩ふたつまみをジュッと入れて塩と油をなじませます(これがコツ! こうしておくと、塩味が全体にムラなく行き渡ります)。
3. 小口切りのししとうを入れ、料理酒を加えて炒め、緑が鮮やかになったら少量の醤油で香りをつけて完成です。

材料:一人分
ししとう　半パック
ごま油　少々
塩　適量
料理酒　大さじ1
醤油　少々

🗨 「洋風チックにしようとオリーブオイルで炒めてお塩とお酒しょうゆで味付けしいりゴマをふりました」(genmai-100さん)

キャベツの芯のバルサミコソテー

残った芯で

🗨 ゴマ油とお醤油でアレンジしてもおいしいですよ。

余りがちなキャベツの芯を使ったエコレシピです。さっと炒めたキャベツの芯はコリコリおいしくて、ちょっと意外なおいしさ。オリーブオイルとバルサミコでお洒落な味になりました。

1. キャベツの芯は2mmくらいの拍子木切りに刻んでおきます。
2. 1を鍋に入れて塩ひとつまみを全体になじませ、オリーブオイル小さじ1を入れてかき混ぜます。
3. 2に蓋をして火にかけ、最初は強火、湯気がたったら弱火にして2分加熱します。火を止めたら仕上げにバルサミコ酢を振り、全体をかきまぜて完成です。

材料:一人分
キャベツの芯　70gくらい
塩　ひとつまみ
オリーブオイル　小さじ1
バルサミコ酢　小さじ1

🗨 未発表レシピのため、読者コメントはありません。

白菜の塩炒め

2分でできる!

🗨 熱いうちが命! 冷めると甘みが抜けてしまいます。

白菜の芯をサッと塩味で炒めただけ。ホントにシンプルな料理ですが、これが意外なおいしさ! 塩が味を引き立ててくれるおかげで、白菜がビックリするほど甘くなるんですよ。

1. 白菜の芯の部分は細切りにします。
2. フライパンにゴマ油を熱し、塩ひとつまみを油になじませます。白菜を加えて強火で30秒、サーッと炒めたら完成です。

材料:一人分
白菜の芯(細切りの状態で)　1/2カップ
ごま油　適量
油　ひとつまみ

🗨 未発表レシピのため、読者コメントはありません。

🔊 あったか煮物

あったか白菜☆磯風味 〔水なし炊き!〕

ごはんにかけて、汁ごはんにしてもおいしいです。

見た目は地味なのですが、トロトロの白菜に磯風味がマッチ。とってもおいしい煮物です。時間は少しかかるけど、材料を入れたら蓋をして火にかけるだけ。お鍋が勝手に作ってくれます。

1. 白菜はザクザク切って鍋に入れ、塩ひとつまみを馴染ませておきます。ひじきはサッと洗って鍋に入れます（戻さなくても大丈夫）。全体をザッとかき混ぜ蓋をして火にかけ、最初は強火、湯気があがったら弱火にし、15分蒸し煮にします。
2. 1に水1カップとaの調味料を加え、10分ほど煮れば完成です。

材料：一人分
- 白菜　5枚くらい
- 塩　適量
- ひじき　ふたつまみ
- a 醤油　小さじ1
- ┗ 料理酒　小さじ1

「おいしいですー！これで白菜の1／4を食べてしまいました」(**JOY**さん)

温かな煮物は幸せの味。じっくりコトコト煮込むと格別ですが、時間のないときは短時間でできる煮物も大助かり。

根菜のみぞれ煮 〈栄養満点!〉

大根おろしは最後に軽く温める程度で、グラグラ煮ないこと!

ほっとする温かさ、しみじみおいしい煮物です。根菜たっぷり、お腹のなかがポカポカあったか、幸せです。野菜を蒸し煮、最後に大根おろしでサッと煮るからビタミンも壊れません。

1. 乱切りの根菜を鍋に入れ、ゆず胡椒と料理酒で和え、ぴっちり蓋をして火にかけます。最初は強火、蒸気があがってきたら弱火にし、5～6分蒸し煮にします。
2. 根菜が柔らかくなったら、ちぎったキャベツを加えてさらに1～2分蒸し煮にします。
3. キャベツがしんなりしたら、大根おろしとaの調味料を加え、蓋をして軽く温め、火を止めます。

材料：一人分
- 根菜（蓮根、牛蒡、人参など、乱切りの状態で） 1と1/2カップ
- キャベツ 1枚
- 大根おろし 1/2カップ
- ゆず胡椒 小さじ1
- 料理酒 大さじ1
- a 醤油 小さじ1
- ┗ 酢 大さじ1

「根菜のあったかみぞれ煮はほっこり」（akiさん）

トロトロ☆白菜甘味噌煮 〈煮るだけ簡単!〉

甘めの味付けが好きな方は、お砂糖少々を加えても。

こっくり甘めの味つけの、白菜の煮物です。トロトロとろける白菜がしみじみおいしい。白菜と調味料さえ放り込んでおけば、後は煮るだけ、手間いらず。中華風の味付けで食欲増進です。

1. 白菜はざく切りに、生姜は細切り、唐辛子は輪切りにしておきます。
2. 1と八角を鍋に入れてザッとまぜ、aの調味料を上に乗せ、ぴっちり蓋をして火にかけます。最初は強火、湯気があがったら弱火にしてじっくり蒸し煮します。
3. 10分くらいしたら全体をざっくり混ぜてさらに蒸し煮を続け、30分くらいで白菜がトロトロになったら完成です。

材料：一人分
- 白菜 250g
- 生姜 一片
- 唐辛子 適量
- 八角（あれば） 1個
- a 味噌 大さじ2/3～1
-   練り胡麻（白） 小さじ1
-   みりん 大さじ1
- ┗ ごま油 小さじ1/2

「すぐに自分が作れそうで、実際に作った物の中、一番は『トロトロ☆白菜甘味噌煮』です」（kazuさん）

🔊 和えもの☆蒸しもの

人参の☆あったか白和え 〔水切りいらず!〕

最初に塩をふるのが、人参の甘みを引き立てるコツです。

白和えは大好きですが、水切りするのがちょっと面倒。そんな悩みを解消するのがこのレシピ。人参といっしょにお豆腐を炒りつけ、あっという間に完成。ほかほかの白和えもオツですよ。

1. 細切りにした人参を小鍋に入れ、塩ひとつまみを馴染ませます。
2. 人参がじんわり汗をかいたようになったら(80P・コツ2)蓋をピッチリして強火にかけ、強火のまま2分くらい蒸し煮します。
3. 1に豆腐を握りつぶしながら加えて、塩をもうひとつまみ。胡麻も加えてかき混ぜながら炒りつけ、水分が飛んだら完成です。

材料：一人分
- にんじん(細切りの状態で) 1/4カップ分
- 塩 適量
- 木綿豆腐 100g
- すりゴマ(白) 小さじ1

「あったかくってほわほわでとってもおいしかったです」(Sakulanboさん)

卵なしの茶碗蒸し 〔アレルギーでもOK!〕

にがりは説明書きを見て、寄せ豆腐を作る時の分量で。

卵じゃないけど茶碗蒸しができました。とろりん、つるりん、ほかほかあったか、幸せなお味です。見た目も卵っぽいけれど、味もしっかり卵です。アレルギーっ子でも大丈夫!

1. 野菜は食べやすく切っておきます。人参やいんげん、きのこなど火が通りにくいものは軽く下ゆでしておきます。火の通りやすい野菜はそのままで大丈夫。aの材料はよく混ぜ合わせておきます。
2. 器に野菜やきのこを入れ、aを注ぎます。蒸気の上がった蒸し器で5分蒸し、プルンと固まったら完成です。

材料：一人分
- a 豆乳 1/2カップ
  - にがり 適量
  - 醤油 小さじ1
- 好みの野菜やきのこ 適量

「とっても美味しかったです! もちろん、息子も、大喜びです。あっという間に平らげました＾＾」(■アン カフェ■さん)

主役にはなれないけど、ひと皿あるとホッとするのが和えものや蒸しものの小さなおかず。肉や魚のおともにも。

かぶらの葉のみぞれ和え

かぶらひとつで

ビタミンが壊れないようかぶらおろしは軽く温める程度で

かぶらの葉をおろしかぶらであえた、あったかいおかずです。なんてことないお料理ですが、蒸したかぶらの葉が香ばしくてとっても幸せ。大根おろしより甘いかぶらのみぞれ和え、大好物のひとつです。

① かぶらの葉はざく切りに。実はおろし金ですり下ろします。aの調味料をあわせておきます。
② 小鍋にかぶらの葉を入れて塩ひとつまみをなじませ、ピッチリ蓋をして火にかけます。最初は強火、蒸気があがったら弱火にし、2〜3分蒸し煮します。
③ 香ばしい匂いがしてきてかぶらの葉が鮮やかな緑に変わったら、おろしたかぶらを加えてざっくり混ぜながら温め、aの調味料で味をつけたらできあがりです。

材料：一人分
かぶら（中） 1個
塩 ひとつまみ
a｜ 酢 大さじ1
　｜ 醤油 小さじ1

「なんともおいしい一品になりました」(satoko.tさん)

キラキラ☆辣もやし

節約レシピ

甘めの味付けがお好みなら、砂糖やメープルを少し足してもいいです。

宝石みたいにキラキラきれい♪ピリ辛甘くて酸っぱくて、シャクシャクした歯ごたえもおいしいおかずができました。冷蔵庫で2〜3日は持つから、もやしの安い日にたくさん作っても。

① もやしは熱湯でサッと茹でてボウルなどに入れておきます。茹ですぎず、シャッキリした歯ごたえは残しておきましょう。aの調味料は合わせておきます。
② フライパンにごま油を熱してaの調味料を加えてジュッと熱したらタレの完成。タレが熱々のうちにもやしにかけてかき混ぜます。
③ 冷蔵庫でよく冷やしたら完成。2〜3日なら保存もOKです。

材料：一人分
a｜ 酢 大さじ1
　｜ みりん 大さじ1
　｜ 塩 小さじ1/3
　｜ 豆板醤 小さじ1/2
ごま油 小さじ1

「ピリ辛が良い塩梅でお箸が進みまくりました」(macciatocreamさん)

📢 もっと！小さなおかず

甘長唐辛子のコトコト煮

❶切り干し大根は水に2～3分つけて戻します。戻ったら水から引き上げ、片栗粉少々をまぶしておきます。戻し汁は後で使うから取っておきます。トマトはざく切りにしておきます。

❷甘長唐辛子の頭を切り落とし、中身をかき出します。その中に切り干し大根を詰め込みます。

❸小鍋に2とトマト、塩を入れ、切り干し大根の戻し汁をひたひたにはって火にかけます。弱火でコトコト煮込み、煮汁がなくなり、トマトが煮詰まったら完成です。

材料：一人分
●甘長唐辛子 1本 ●切り干し大根 ひとつかみ（10gくらい）●片栗粉 少々 ●トマト 1/4個 ●塩 小さじ1/4

とろりん☆中華蒸しピーマン

❶ピーマンの頭をとり、種をかきだします。Aの材料を混ぜ合わせ、ピーマンの中に流し込みます。

❷蒸気の上がった蒸し器で10分蒸します。

❸蒸している間にあんを作ります。Bの材料を小鍋でわかし、水溶き片栗粉でとろみをつけます。人参など彩りの野菜を一緒に煮ても。なくてもOK。

❹2が蒸し上がったら縦半分に切って器に盛り、3のあんをかけて完成です。

材料：二人分
●ピーマン 12個 ●A 干し椎茸（戻してみじん切りの状態で）1/4カップ、長いも（すり下ろした状態で）1/4カップ、片栗粉 大さじ1、生姜（すり下ろし）少々、醤油 小さじ1/2 ●B 椎茸の戻し汁 50cc、醤油 小さじ1、酒 小さじ1 ●水溶き片栗粉 適量

焦がしニラの香ばしサラダ

❶野菜は食べやすく切っておきます。ドレッシングの量に対し、キャベツなら大葉1～2枚が目安です。

❷ドレッシングを作ります。ニラは小口切り、生姜は細切りにしておきます。

❸ごま油を熱してニラと生姜を炒めます。ニラが焦げるまでじっくり炒めたら、Aの調味料を加えジュッと音が立ったら1の野菜にからめて完成です。

材料：一人分
●ニラ 7～8本 ●生姜 少々 ●ごま油 小さじ1 ●A 料理酒 大さじ1、醤油 大さじ1/2 ●キャベツなど好みの野菜 適量

煮っころがし漬け

❶Aの調味料を合わせてつけダレを作ります。私は甘いのが苦手だから、料理酒2、醤油1、みりん0.5の割合で。甘めの味が好きな方は、醤油とみりんを同量にしたり、砂糖を加えても。お好みの味で合わせたら、小鍋に入れて煮立ててアルコール分を飛ばし、お好みで鷹の爪を加えます。

❷じゃがいもなどの野菜は一口大に切り、蒸し器で蒸すか茹でます。竹串がすっと通ったらOK。保存瓶などにだし昆布ととも入れ、1のタレをひたひたに注ぎます。

材料：一人分
●じゃがいも（大）1個 ●人参、いんげんなど好みの野菜 適量 ●鷹の爪（お好みで）●だし昆布 5cmくらい ●A 醤油、料理酒、みりん 各適量

ほっこり☆粉ふき里芋

❶里芋の皮をむき、鍋に入れてひたひたの水をはります。塩ふたつまみくらいを入れて火にかけます。香菜や春菊は洗って切っておきます。

❷中火くらいでグラグラ煮込み、里芋が柔らかくなったらお湯を捨て、鍋を火にかけ水分を飛ばします。粉がふくまでしっかりと。

❸お皿に盛り、香菜などを飾って完成です。

材料：一人分
●里芋（小）4～5個 ●塩 適量 ●香菜、春菊など 適量 ●（お好みで）オリーブオイル 適量

天使の胡麻サラダ

❶人参はごく細切りにし、鍋に入れ、塩ひとつまみを馴染ませます。1～2分して人参がしんわり汗をかいたようになったら練り胡麻を上にのせ、ぴっちり蓋をして火にかけます。

❷最初は強火、蒸気があがったら弱火にし、2～3分蒸し煮。人参がしんなり柔らかくなったらOK。ざっくり混ぜて練り胡麻を全体になじませて火をとめ、酢をかけて混ぜ合わせたら完成です。

材料：一人分
●人参（中）1/2本（50gくらい）●塩 ひとつまみ ●練り胡麻（白）小さじ1 ●酢 小さじ1/3

小さなおかずほど野菜の本領発揮！ レパートリーを増やしましょう。

ハイカラおから

① 人参は細切り、万能ねぎは小口切りに刻んでおきます。
② オリーブオイルを熱して塩ひとつまみ（分量外）を馴染ませます。人参を炒りつけ、しんなりしたらおからを加えてかき混ぜながら炒りつけます。
③ 2に豆乳を注いで塩を加え、かき混ぜながら水分を飛ばしていきます。まだしっとり感が残っているくらいで火をとめ、万能ねぎを混ぜ合わせたら完成です。

材料：二人分
●おから 1/2カップ ●人参 3cmくらい ●万能ねぎ 3本くらい ●豆乳 1/2カップ ●塩 小さじ1/3 ●オリーブオイル 適量

蓮根のゆず胡椒蒸し

① 蓮根は薄切りにし、鍋に入れます。Aの調味料を加え、かき混ぜて蓮根に馴染ませます。
② 蓋をして火にかけ、最初は強火。湯気があがったら弱火にして2分くらい蒸し煮にします。蓮根がつやっと透明感が出たら完成です。

材料：一人分
●蓮根 50g ●A ゆず胡椒 小さじ1/2、オリーブオイル 小さじ1、料理酒 小さじ1

ほかほか☆海苔大根

① 大根は太めの千切りにし、鍋に入れて塩ひとつまみをなじませます。
② 焼き海苔をちぎって1とさっくり混ぜて蓋をし、火をつけます。最初強火、蒸気があがったら弱火にし、2～3分。大根がしんなりなったらOK。仕上げに醤油を数滴たらしてかき混ぜます。

材料：一人分
●大根 70g ●塩 ひとつまみ ●焼き海苔 1枚 ●醤油 少々

あったかかぶらのトロトロソテー

① かぶらの実は薄切りに、葉は食べやすく刻んでおきます。Aの調味料を合わせ、くず粉をしっかり溶かしておきます。
② フライパンにオリーブオイル少々を熱し、塩ひとつまみを馴染ませます。ここにかぶらとかぶらの実と葉を加え、サッとソテーします。かぶらの葉の緑が鮮やかになったらOK。Aの調味料を回しかけ、とろみがついたら完成です。火を止め、お好みでバルサミコ酢を数滴かけていただきます。

材料：一人分
●蕪（小） 1個 ●オリーブオイル 適量 ●塩 ひとつまみ ●A[料理酒 大さじ1、醤油 小さじ2/3、水 大さじ3、くず粉（または片栗粉） 小さじ1/3] ●バルサミコ酢 少々

ハイカラ白菜☆コトコト煮

① 白菜を食べやすく切り、トマトはざく切りに。
② 鍋に白菜、トマト、塩ふたつまみくらい、月桂樹を入れ、びっちり蓋をし、火にかけます。最初は強火、蒸気が上がってきたらごく弱火にし、そのままコトコトコトコト、30～40分煮込めば完成です。

材料：一人分
●白菜 5～6枚 ●トマト 1個 ●塩 適量 ●月桂樹 1枚

ピリリ☆レタスの胡椒蒸し

① レタスはごく細い千切りにし、小鍋に入れます。塩ひとつまみをまぶし、蓋をして強火にかけ、湯気がでたら強火のまま、30秒数えて火を止めます。仕上げに粗挽きコショウをたっぷりまぶして完成です。

材料：一人分
●レタス 5～6枚 ●塩 ひとつまみ ●粗挽きコショウ 適量

vege column 2
野菜だけでも大丈夫？

「肉や魚、卵を食べないとタンパク質が不足しない？」、「魚介類やレバーもたまに食べないと鉄分不足で貧血になるよ」、「カルシウムは牛乳からしかとれないでしょ」。
　野菜だけの食生活を送っていると、そう心配してくれる人もいます。夫もそうでした。何度ケンカしたか。何度食卓で気まずい思いをしたことか。

　でも、調べると野菜や豆、穀類、海藻だけの食生活でも栄養学的に問題はないようです。ベジタリアンが注意したほうがいいと言われるのは、タンパク質、カルシウムのほか、レバーに多いと言われる鉄分、魚介類、特に牡蠣に多く含まれる亜鉛などの栄養素ですが……。
　まずタンパク質は、豆腐などの大豆製品や豆類にもたっぷり。穀類や野菜にだって含まれます。それにたいていの日本人はタンパク質が多すぎるほどで、必要所要量より20％も多いとか。余分なタンパク質はアミノ酸を分解するときに血液が酸性に傾くため、それを中和するためにミネラル（特にカルシウム）が必要に。骨や歯のカルシウムが溶け出して、骨粗そう症のリスクすら高くなるそうです。
　また、そのカルシウムですが、乳製品は食べるベジタリアンなら問題なし。私は乳製品も苦手ですが、その場合、確かにカルシウムの摂取量は少ないよう。でも、肉や魚を食べない食生活だと、カルシウムで酸性の血液を中和する必要も少なく、摂取量が少なめでも問題なさそう。実際、骨密度も測ってますが優等生です。とはいえカルシウムの多い小松菜やかぶの葉、ひじきなどの海藻類はしっかり摂りたいですね。
　さらに鉄分は豆腐などの豆類やほうれん草などに豊富。おかげで貧血もありません。亜鉛は味噌などの大豆製品やナッツ、穀類にも含まれます。
　野菜だけの生活で唯一問題らしいのが、ビタミンB12という微量栄養素。植物性の食品には含まれないから、サプリでとるという人もいれば、「海苔に含まれるから、毎日海苔を食べてればいい」という人もいます。赤血球の生成やDNAの合成に不可欠な栄養素らしいので、心配な方はサプリメントでとるのが安全かも。

　どうやら「ベジタリアン＝栄養不足」ではないようです。毎日外食でパスタ、ハンバーグランチ、テイクアウトのサンドイッチ、コンビニ弁当……。野菜たっぷりの毎日は、そんな食生活よりはかなり優秀。だから、ブログにご質問をいただけば、「栄養は大丈夫みたいですよ」とお返事はしますが……。

　ただ、栄養はもちろん重要だけれど、それよりも大事なのは家族や恋人、友達と、楽しくごはんを食べること。「私は野菜だけのごはん、みんなは別のもの」と意固地にはなりたくない。それじゃお互い楽しくないですから。
　ベジタリアンの人もそうじゃない人も、いっしょに楽しめるごはんがいちばん。そのために、この本を使ってもらえると、何よりも嬉しいです。

第4章

しっかりごはん

満足丼

満腹カツ丼 ダイエット向き!

ターメリックは卵色に染めるためです。なくても味は変わりません。

ダイエット中でもカツ丼食べてもいいんです♪なんてったってこれは肉なし、揚げてもないし、卵すら使っていません。お腹いっぱい食べても低カロリーでヘルシー、太る心配ないですよ。

① aの材料で「なんちゃってカツ」を作ります。醤油で薄く味をつけただし汁で高野豆腐を煮ながら戻します。煮汁から高野を引き上げ、片栗粉をまぶしつけます。裏返した油揚げに高野を入れ、フライパンでこんがり両面焼きつけます。

② 好みの野菜（玉ねぎ、青みの野菜など）は薄切りに。長いもはすり下ろしてトロロにします。

③ 小鍋やフライパンに豆乳と野菜、醤油、ターメリック少々を入れて火にかけます。野菜が柔らかく煮えたらカットしたトンカツをのせ、トロロを回しかけて軽く温め、完成です。

「豆腐とターメリックは、使ったことあったけどこの使い合わせは意外!!」（いちごさん）
「このカツだけでも、十分おかずになります」（aroma_tierraさん）
「これを見たときは、あまりのカツ丼ぶりに衝撃を受けました^^ようやく作れて満足です」（chi-saraさん）

材料：一人分
- ごはん 1膳分
- a 高野豆腐 1枚
  - 油揚げ 2/3枚くらい
  - 片栗粉 少々
  - だし汁、醤油 各適量
- 豆乳 100cc
- 長いも 60gくらい
- 醤油 大さじ1
- ターメリック 少々
- 好みの野菜 適量

アツアツごはんに具をのせて。丼物は大好物！ささっとランチに、腹ペコの夜に。お腹いっぱい召し上がれ♪

玉ねぎ丼 (玉ねぎオンリー)

新玉ねぎで作るのがいちばん！それ以外の季節なら長めに煮込んで。

牛丼の牛なしバージョン、玉ねぎだけの丼です。「こんなのホントにおいしいの？」と思うでしょうが、味は保証付き。玉ねぎが甘くてとっても幸せ。玉ねぎひとり1個は楽勝ですよ！

1. 玉ねぎを薄くスライス、小鍋にごま油少々を敷いて火にかけ、玉ねぎを炒めます。透き通ってつやが出てきたらだし汁を注ぎ入れ、醤油と料理酒を加え、数分ふつふつ煮込みます。煮加減はお好みですが、柔らかな新玉ねぎなら2〜3分でも大丈夫。そうじゃないから5分くらいは煮込みましょう。
2. 丼にあつあつのご飯を盛り、1をのせて紅ショウガを飾って完成。お好みで七味を振ってもいいですね。

材料：一人分
- 新玉ねぎ　中1個
- ごはん　1膳分
- 紅ショウガ　適量
- だし汁　50cc
- 醤油、料理酒　各大さじ1/2
- ごま油　適量

「まるで本物の肉が入っているような味でした」(meteoraさん)

カッパな☆丼 (5分でできる！)

昆布茶がダシ代わりになって、簡単に作れます。うまみたっぷりですよ！

カッパも喜ぶきゅうりの丼です。きゅうりだけなのに、「どうしてこんなにおいしいの!?」ときっと驚きますよ。ササッと作れるから、忙しい日のランチや夜食にもうってつけです。

1. きゅうりは適当な大きさに切ってビニール袋に入れ、めん棒などで叩き割ります。椎茸は食べやすく切り、生姜はみじん切りに。aの材料を合わせて、片栗粉を溶かしておきます。
2. フライパンにごま油を熱し、生姜を炒めます。香りが立ったらきゅうりと椎茸を入れて炒め合わせ、料理酒少々を振って蓋をして弱火にし、2〜3分蒸し焼きします。
3. 蓋を取って火を強め、合わせておいたタレを注ぎ、クツクツ煮込んでとろみがついたら完成。あつあつご飯にジャッとかけていただきます。

材料：一人分
- ごはん　1膳分
- きゅうり(大)　1本
- 椎茸　2枚
- 生姜　少々
- 料理酒　少々
- ごま油　適量

a
- 水　100cc
- 昆布茶　小さじ1/4
- 醤油　小さじ1弱
- 料理酒　大さじ1
- 片栗粉　小さじ1/2

「izmimirunさん、胡瓜の新しい一面に出会いました。新境地をありがとうございます♪♪」(mizutamanaoさん)

満足丼2

ボリュームアップ☆玉ねぎ丼
お腹いっぱい!

お麩は植物性タンパク質たっぷり。お肉代わりに食生活に取り入れて。

玉ねぎの甘さ全開! ほろりと溶けるほど柔らかな玉ねぎが、最高のおいしさ。お麩が入るからボリュームも満点です。とろりとかけたあんがごはんにからまってとっても幸せな味ですよ。

1. 玉ねぎはくし形切りに、車麩は水に浸して戻し、一口大に切っておきます。
2. 玉ねぎに塩をふたつまみふって全体に馴染ませ、鍋に入れて火にかけます。蓋をして弱火で蒸し煮。玉ねぎが透明になるまで蒸します。
3. あんの準備をします。aの材料を合わせて鍋を火にかけます(昆布茶は普段飲むときと同じくらいの濃さに)。あれば人参や緑の野菜などを彩りにいっしょに煮ても。車麩も入れて軽く煮込み、水溶き片栗粉でとろみをつけます。
4. ごはんの上に2乗せ、3のあんをかけます。

材料:一人分
- 玉ねぎ　1個
- 車麩　1個
- 塩　適量
- 水溶き片栗粉　適量
- ごはん　1膳分
- a 昆布茶　2/3カップ
-   料理酒　大さじ1
-   醤油　少々
-   ごま油　少々
-   酢　大さじ1/2

「玉ねぎってとっても魅力的ですよねぇ～♪ このレシピもすっごくおいしそぉ～です(＞v＜)」(玉ねぎ姫さん)

とろーりトロトロ☆親子丼
アレルギーでも平気!

ターメリックは卵色をつけるためです。なくても味は変わりません。

鶏肉も卵も使ってませんが、親子丼ができました。親は長いも子はトロロ、これもやっぱり親子です♪とろ～りトロトロ、まろやかな味。ホントの親子丼に負けないくらい、おいしいです。

1. 長いもの半量はすり下ろしてトロロにし、半量は一口大に切ります。好みの野菜も食べやすく切っておきます。
2. 豆乳をわかし、一口大に切った長いもと野菜を煮ます。長いもがほっこり柔らかくなるまでしばらく煮込みます。煮詰まりそうなら豆乳か水を足して調節してください。
3. 長いもがほっこり柔らかになったら醤油で調味し、ターメリック少々加えて卵色をつけます。おろしたトロロを回しかけ、ひと煮立ちしたら完成。あったかごはんにのせていただきます。

材料:一人分
- ごはん　1膳分
- 長いも　120g
- 好みの野菜　適量
- 豆乳　100cc
- 醤油　大さじ1
- ターメリック　少々

「ああ、なんて素晴らしいのだろう♪」(chocolateさん)

長いも、ピーマン、玉ねぎetc、意外な素材も工夫次第でおいしい丼に変身です。

ファイト一発☆夏丼
（5分でできる!）

春ならキャベツや新玉ねぎ、人参にアレンジしても。

ありものの夏野菜をたっぷりつかった、ピリ辛味のどんぶりです。ちょっとこっくり目の味付けでガッツが出そう。ごはんをモリモリ食べて、今日も元気に！ 暑い時期にもピッタリです。

1. 好みの夏野菜を一口大にカット。夏野菜以外の、玉ねぎ、人参などでもかまいません。全部あわせて200ccの計量カップで1.5～2杯分くらいの量が目安。にんにくはみじん切りにしておきます。aの調味料は合わせておきます。
2. フライパンに油を熱し、にんにくを炒めます。香りが立ったら火の通りにくい野菜から順番に炒めていきます。野菜がしんなりなったら合わせておいたaの調味料で味をつけ、練り胡麻を絡めて火を止めます。
3. ほかほかごはんに2をのせ、完成です。

材料：一人分
- ごはん　1膳分
- お好みの夏野菜（ゴーヤ、ズッキーニ、ピーマン、きゅうりなど何でも）　適量
- にんにく　少々
- a 豆板醤　小さじ1
- 　醤油　大さじ1/2
- 　料理酒　大さじ1
- 練り胡麻（白）　大さじ1/2

「うぅ～～ん美味い* ビールが進む～～～っ。 izumiさん、ごちそうさまでした！」（xyaxyaさん）

焼きピーマン丼
（ピーマンだけで）

ピーマンにしっかり焦げ目をつけるのがポイント。甘さが際だちます。

いつも脇役のピーマンが丼の中で主役になりました！ じっくり焼くとほろ苦さの中にも甘みがあって、どれだけでも食べられるほどおいしいです。とろみのあるあんも、ごはんにピッタリ！

1. ピーマンを洗い、丸ごとフライパンで焼きます。焦げ目がつくまで弱火でじっくり。オイルはしかなくて大丈夫。焦げ目がついたら裏返し、すべての面にじっくり火を通して焦げ目をつけます。
2. あんかけのタレを用意します。生姜は細切りに。小鍋に水100ccを沸かし、生姜と昆布茶を入れて味をつけます。普段飲むときと同じくらいに味を整え、お醤油とごま油を数滴。水溶き片栗粉で適度なとろみをつけます。
3. 丼にごはんを盛り、1のピーマンを食べやすく切ってのせ、2のあんをかけて完成です。

材料：一人分
- ジャンボピーマン　1個（普通サイズなら3個くらい）
- 生姜　ひとかけ
- 昆布茶　適量
- 醤油　少々
- ごま油　少々
- 片栗粉　適量
- ごはん　1膳分

「焼きピーと、生姜って本当に最高ですっ！さらにあんかけ♪だなんて、美味しすぎますっ！」（satyuuuさん）

🔊 大好きカレー、大好きハヤシ

人参カレー （人参だけで）

少し塩を強めにきかせると人参の甘みが引き立ちます。

人参の甘さ全開のカレーです。具は人参オンリー、汁気もないからカレーというよりサブジ（インド風の炒め物）に近いかも。呼び方はともかく、1人1本はラクラクペロリ、ですよ。

① 人参は1cm角くらいの拍子木切り、玉ねぎは薄切り、生姜とにんにくは細切りに。
② フライパンに油少々を熱し、玉ねぎ、生姜、にんにくを炒め、香りがたったら人参を加えて炒め合わせます。人参に油が馴染んだらaのスパイスと調味料を加え、水1／2カップを注いで沸騰したら弱火にし、蓋をして蒸し煮します。
③ 10分くらい煮込み、人参が柔らかくなって水分が飛んだら火を止めます。最後に塩をひとつまみふり（これがコツ!）、全体に馴染ませたら完成です。

材料：一人分

人参…1本　玉ねぎ（小）…1/4個
生姜、にんにく…各ひとかけ
ⓐ クミン…小さじ1/3
　コリアンダー…小さじ1/3
　ターメリック…少々
　塩…小さじ1/4
　トマトケチャップ…大さじ1/2

「早く食べたくて、休憩が待ち遠しくて何回も時計を見てしまった（笑）。しっかり人参の甘みが出ていてほんと〜においしい!!!」(nopy0316さん)
「にんじん好きにはたまらないレシピ。まるまる1本食べれてしまうのが嬉しいです」(Lotus_Wingさん)
「これ、ホント、めちゃくちゃ美味しかったです。大好きな味。また作りま〜す」(*feiyu*さん)

カレーライスやハヤシライスは子供は大好き。大人だってもちろん嬉しい。野菜だけのヘルシーレシピでどうぞ!

ベジタリアンのハヤシライス

10分でできる!

切り干し大根のうまみで、スープの素もいりません。

ハヤシライスというと普通は牛肉入りですが、お野菜だけでもおいしいですよ。具に使った切り干し大根のおかげで、ハヤシらしい甘みがでました。デミグラスソースも使わず、簡単です。

1. 切り干し大根はさっと洗い、キッチンばさみで切っておきます。玉ねぎを薄くスライスし、フライパンにオリーブオイルを熱して炒めます。玉ねぎがしんなりしたら、小麦粉を振り入れて炒め合わせ、aの調味料を加えて味をなじませます。
2. 水を注いだら切り干し大根と月桂樹を入れて煮込みます。最初は強火、ふつふつしてきたら弱火。5〜6分煮てとろみがつけば完成、あつあつご飯にかけていただきます。

材料:一人分
- 玉ねぎ 1/2個
- 切り干し大根 ひとつかみ(20gくらい)
- 小麦粉 大さじ1
- 月桂樹の葉 1枚
- a 赤ワイン 大さじ1
  - ケチャップ 大さじ1
  - ソース 大さじ1
  - 醤油 少々
- 水 150cc
- オリーブオイル 適量
- ごはん 1膳分

「れんこんもあったので入れてみました」(healingheartsさん)

緑のカレー

青菜なんでも

青菜の色が悪くなっても気にしません。クタクタのほうがおいしい!

緑と赤のコントラストがきれいなカレー。小松菜、蕪の葉など青菜なら何でもOK。ザクザク切って蒸すだけ、作り方も超ラクチン。半端に余った青菜を寄せ集めてのごちそうメニューです。

1. 青菜とトマトはザクザク切っておきます。玉ねぎは薄切り、にんにくと生姜は細切りにしておきます。鍋ににんにくと生姜をしき、その上に玉ねぎ、青菜、トマトの順にのせていきます。
2. 上からaをドンドンふりかけ、蓋をして火にかけます。最初は強火、湯気がたったら弱火に。3〜4分して青菜がしんなりしたらひとまぜし、また蓋をして加熱を続けます。そのまま放っておいて15分くらい、青菜がすっかりクタクタになったらガラムマサラをふってひと混ぜ、完成!

材料:一人分
- 青菜(小松菜、蕪の葉、水菜などなんでも) 150g
- 玉ねぎ(小) 1/4個
- トマト 1/2個　ガラムマサラ 小さじ1/4
- にんにく、生姜 各ひとかけ
- a オリーブオイル 小さじ1
  - 塩 小さじ1/4
  - クミン 小さじ1/2
  - コリアンダー 小さじ1/2
  - チリパウダー お好みで少々(なくても可)

「作り方はすごく簡単!でシンプルなのにとってもおいしい!」(youscream1978さん)

大好きカレー、大好きハヤシ2

情熱の☆赤カレー

10分でできる!

写真は蓮根ですが、具はお好みで。大根や牛蒡も意外なおいしさです。

「カレー=黄色」の常識をくつがえすカレー。なんとも情熱的な、真っ赤なカレーです。スパイスたっぷりの本格派、深い味わいです。スパイスさえあれば作り方は超簡単。赤いカレー、ぜひおためしを。

1. 玉ねぎはスライスし、にんにくと生姜はみじん切りに。蓮根は一口大に切っておきます。
2. フライパンに油を熱し、にんにくと生姜を炒めます。香りが立ったら玉ねぎを加えて炒め合わせ、玉ねぎがしんなりしてきたら蓮根も炒め合わせます。
3. 2にトマトジュースを注ぎ、塩とaのスパイスを加えます。煮立ったら弱火にし、3~4分煮込み、蓮根に火が通ったらOK。火を止めたら仕上げにガラムマサラを加え、ざっくり混ぜ合わせます。

材料:一人分
- 玉ねぎ 1/4個
- 生姜、にんにく 各1片
- 蓮根 1/2~1/3節
- トマトジュース 150cc
- 塩 小さじ1/3
- a
  - コリアンダー 小さじ2/3
  - クミン 小さじ2/3
  - レッドペッパー 適量
  - 月桂樹 1枚
- ガラムマサラ 小さじ1/4

「私のために考えてくださった赤カレーがやっぱり一番のお気に入り」(ゆみこさん)

欧風カレー

冷凍できる

最後に加える野菜はなんでもお好みのものでOK!

肉なしでもごく普通の、欧風カレーの味わいです。ダシも取らず、スープの素すら使わないのにうまみもあります、おいしいです。冷凍ストックできるから、常備しておくと便利です。

1. 切り干し大根は水3カップで戻し、食べやすく切ります。玉ねぎとにんにく、生姜はみじん切り、トマトはざく切りに。切り干しの戻し汁に小麦粉を加え、泡立て器で混ぜて小麦粉を溶かします。
2. 玉ねぎ、にんにく、生姜を炒めます。玉ねぎがしんなりしたらトマトを炒め合わせ、2の戻し汁と切り干し、塩、ケチャップ、カレー粉、醤油を加えます。煮立ったら弱火で数分煮込み、とろみがついたら火を止めます(*この段階で冷凍可能)。
3. 好みの野菜を蒸し、3の手作りカレーの素と混ぜれば欧風カレーの完成です。

材料:二~三人分
- 切り干し大根(戻す前の状態で) 1カップ
- 完熟トマト 1個
- 玉ねぎ 1/4個
- にんにく、生姜 各ひとかけ
- 塩 小さじ2
- ケチャップ 大さじ1
- 醤油 大さじ1/2
- カレー粉 大さじ1
- 小麦粉 大さじ2
- 好みの野菜 適量
- ごはん 1膳分

「肉なしでもこんなに美味しいカレーができるなんて感激(」ソ∀」)ソ」(puko_salseraさん)

まだまだあります！ ルーや肉なしでも作れる、カレーやハヤシのレシピ。味も抜群ですよ。

ベジタリアンのドライカレー
おからでヘルシー

カレー粉の辛さは種類によって違うので量は調節してください。

ドライカレーといえば挽肉ですが、これは挽肉なしのベジタリアンバージョンです。肉なしでもしっとりジューシー、ボリュームもたっぷり。小さなお子さんにも喜んでもらえそう！

1. 玉ねぎとお好みの野菜はみじん切りにしておきます。生姜もみじん切りに。
2. フライパンにオリーブオイルを熱し、玉ねぎと野菜を炒めます。
3. 野菜がしんなりしてきたらおからと豆乳、aの調味料を加えて炒りつけます。おからにしっかり火が通り、ほろほろになったらドライカレーのできあがり。ほかほかごはんにのっけていただきます。

材料：二〜三人分
- おから 1/2カップ
- 豆乳 50cc
- 玉ねぎのみじん切り 1/2カップ
- 好みの野菜（みじん切り） 1カップ分
- 生姜のみじん切り 少々
- a
  - 塩 ひとつまみ
  - 練り胡麻（白） 大さじ1/2
  - カレー粉 大さじ1/2
  - ケチャップ、ソース 大さじ1
- ごはん 1膳分

「畑のお肉である『大豆製品』でドライカレーとは新鮮ですね〜」（na_geannaさん）

肉なしハヤシライス
玉ねぎが主役！

新玉ねぎならサッと、それ以外の季節は長めに炒めましょう。

肉のかわりに高野豆腐など、肉っぽい"何か"を入れる手もありますが、ここは潔く玉ねぎとマッシュルームのみで。炒めた玉ねぎはトロンと甘くて、ごはんにピッタリ。幸せな味です。

1. 玉ねぎとマッシュルームは薄切りに。フライパンに油を熱し、玉ねぎを炒めます。塩ひとつまみをふり、玉ねぎがしんなりツヤっとしてくるまで炒めたら小麦粉を振り入れて炒め合わせ、マッシュルームと月桂樹を加えて炒めます。
2. aの調味料を1に入れて全体に味をなじませます。水を注いで煮立ったら弱火に。7〜8分煮込んでとろみがついたら胡椒をふりいれ完成。

材料：一人分
- 玉ねぎ 中1個　ごはん 茶碗1膳分
- マッシュルーム 3個
- 月桂樹の葉 1枚
- 小麦粉 大さじ1
- 塩 適量
- a
  - 赤ワイン 大さじ1
  - ケチャップ 大さじ1
  - 中濃ソース 大さじ1
- 水 100cc
- こしょう 適量

「こんな楽チンに家にあるもので作れるなんて驚きです」（etmarieさん）

ふりかけごはん、のっけごはん

梅風味☆わかめふりかけ 〔手作りふりかけ〕

あったかごはんに混ぜ込んで、わかめごはんにしてもおいしいですよ。

梅の香りがふんわり優しい、おいしい手作りふりかけです。市販のわかめふりかけより、やさしいお味。冷蔵庫に常備しておくと何もないとき便利です。作り方もとっても簡単ですよ。

① 塩蔵わかめは水につけて塩抜きし、小さく刻んでおきます。（乾燥ワカメを使う場合は水につけて戻します。生わかめならサッと洗うだけでOKです）

② 1のわかめと梅干しの種を鍋にいれ、弱火でから煎りします。わかめがパリッとしてきたら、aの調味料を加え、さらにいりつけて水分が飛んだら完成です。あったかごはんにのせていただきます。

材料：一人分
- 塩蔵わかめ　30〜40g
- 梅干しの種　2個分
- ⓐ 料理酒　小さじ1
  - 醤油　小さじ1/2
  - 胡麻　大さじ1/2

「梅のふりかけ、すごいヒットでした」（chiyoさん）

ベジタリアンのそぼろごはん 〔ごぼうでそぼろ〕

少し古いごぼうなら、斜め切りの状態で軽くあく抜きしてください。

そぼろというと普通は鶏肉ですが、これは肉ではありません。正体はごぼう。肉に負けない歯ごたえ、うまみ、存在感。作ってビックリ、食べてうっとり。本当においしいからぜひお試しを。

① ごぼうと生姜はみじん切りにしておきます。加熱するとアクは飛ぶからごぼうのあく抜きはいりません。

② 鍋にごぼうと生姜を入れて塩ひとつまみを全体に馴染ませます。味噌を上にちょんとのせて蓋をし、火にかけます。最初は強火、湯気が上がったら弱火にし、そのまま5分蒸し煮します。

③ 全体をざっくり混ぜて味噌を馴染ませ、もう一度蓋をしてさらに3分。ごぼうが柔らかくなったらaで味を整え、完成です。熱々ごはんにのっけていただきます。

材料：一人分
- ごぼう　100g
- 生姜　ひとかけ
- 塩　ひとつまみ
- 味噌　大さじ1
- ⓐ 料理酒　大さじ1/2
  - 味醂　大さじ1/2
- ごはん　1膳分

「これすご〜く美味しかったです。明日の朝は海苔でくるんで食べようっと♪」（たかたんさん）

☞ あったかごはんは幸せの味。「これさえあれば」のごはんのお供があるとなおおいしい！我が家の大事な常備品です。

ベジタリアンのいくらごはん 本物みたい!?

味付けはややピリ辛目のほうがごはんと合っておいしいですよ。

イクラじゃないけど、イクラごはんです♪　もともとイクラは苦手だったのですが、このなんちゃってイクラは生臭くないから私でも大丈夫。しかもプチンとした歯ごたえが、結構イクラチックで笑えますよ。

1. タピオカは袋の指示通りに茹でます。
2. 昆布茶を熱湯で溶きます。濃さは普段昆布茶を飲むときくらいの味でOK。そこに醤油、ケチャップで味をやや濃いめにつけ、豆板醤少々を加えます。
3. タピオカが茹で上がったらお湯をよく切り、2の汁に入れてひと煮立ち。あら熱が取れたら冷蔵庫でよく冷やし、あったかごはんにのっけていただきます。

材料：一人分
タピオカ　大さじ1〜2
昆布茶　適量
醤油、ケチャップ、豆板醤　各適量
ごはん　1膳分

「思わず海苔とワサビをのせた。食べながら笑ってしまった」（こなっぽいなもたんさん）

韓国味☆のりふりかけ 3分でできる!

ちょっとしけてしまった海苔もこのレシピで生き返ります。

韓国海苔みたいな味と香りのおいしいふりかけです。ゴマ油の香りで食欲増進！白いごはんにぴったりで、つい食べ過ぎてしまいそう。炊きたてごはんとこれさえあれば、ほかには何もいりません。

1. ねぎはみじん切りに刻んでおきます。焼き海苔は手で細かくちぎっておきます。
2. ごま油を熱して、塩ひとつまみを先に油になじませます。こうしておくと、素材全部に均等に味がなじみます。
3. 2にねぎを加えてやや強めの中火で炒めます。ねぎが焦げるくらいよく炒めたら、ごまを加えます。
4. ごまが数粒パチパチはぜたら、海苔を加えてザッとかきまぜ、お醤油数滴を落として味を整え完成です。ほかほかごはんに乗せていただきます。

材料：一人分
ねぎ　10cm
焼き海苔　1枚
粒胡麻（白）　小さじ1
ごま油　適量
塩、醤油　各適量

（未発表レシピのため、読者コメントはありません）

もっと！ごはん

野菜のごはんレシピ、まだまだあります。

シャッキリ☆ナムル巻き

1. Aの材料を混ぜて味ごはんを作ります。すりゴマたっぷり、お醤油はちょっとでOK。
2. ナムルを作ります。Bの材料を合わせてナムルのタレを作ります。もやしと好みの野菜をサッと茹で、それぞれBのタレを絡めて冷まし、味を馴染ませます
3. 巻きすに海苔をのせ、ご飯を敷きつめ、2のナムルを順にのせていき、クルクル巻いてできあがり。

材料：一人分
●Aごはん 1膳分、すりゴマ（白） 適量、醤油 少々●もやし 適量●好みの野菜（ピーマン、人参、青菜など） 適量●B醤油 小さじ1、ごま油 小さじ1/2、すりゴマ 適量●焼き海苔 1枚

ベジタリアンのあわび寿司

1. あわびを作ります。エリンギを5mmくらいの厚みで縦に切り、ひたひたの昆布茶で3分煮込み、昆布茶に浸したまま冷まして味を染みこませます。昆布茶の濃さは普段飲むくらいでOKです。
2. 好みの味つけで酢飯を作ります。寿司酢ではなく、梅干しや梅酢を混ぜた酢飯もさっぱりしておいしいです。
3. あわびにわさびをちょんとつけ、握った酢飯にのせれば完成です。

材料：一人分
●酢飯 茶碗軽く1杯分●エリンギ 1/2本●昆布茶 適量●わさび 少々

ふわふわ☆親子丼

1. おつゆ麩は6～7個取り分けておき、残りはビニール袋に入れて手で握りつぶします。粒が多少残っていても平気です。
2. 椎茸は薄切り、好みの野菜は食べやすく切ります。
3. 小さなフライパンか小鍋に豆乳を入れ、取り分けておいたおつゆ麩と2の椎茸と野菜、料理酒と醤油、ターメリックを入れて火にかけます。最初は強火、沸騰したら弱火に。野菜に火が通りお麩がやわらかく戻ったら、1の砕いたお麩を加えてかき混ぜます。お麩が水分を吸い全体がとろんとまとまったら、ご飯にのせていただきます。

材料：一人分
●ごはん 1膳分●おつゆ麩 20個くらい●豆乳 150cc●料理酒 大さじ1●醤油 大さじ1弱●ターメリック 少々●生椎茸 2枚●好みの野菜 適量

菜食版☆挽肉ビビンバ

● Aを合わせます。ごま油と醤油が同量、すり胡椒とおろしニンニクお好みの量で。野菜はすべて細切りにし、さっと茹でてAのタレにからませます。
● 挽肉を作ります。高野豆腐を戻してみじん切りに。片栗粉少々（小さじ1/2）くらいを水で溶いておきます。
● ごま油を熱して高野豆腐と50ccの水、Aのタレ少々と料理酒を加えて炒りつけます。水分がほぼ飛んだら水溶き片栗粉を回しかけます。
● 石鍋にごま油を塗ってごはんを盛り、2のナムルと3の挽肉を盛りつけ、3～4分焼きつけます。

材料：一人分
●ごはん 1膳分●好みの野菜 適量●高野豆腐（厚手のもの） 1/2枚●A ごま油、醤油、すりゴマ、胡椒、おろしにんにく 各適量●料理酒 適量●片栗粉 適量●コチュジャン 適量

玉ねぎカレー

1. 玉ねぎは薄くスライスしておきます。
2. オリーブオイルを熱して、先に塩ひとつまみを油に馴染ませます。玉ねぎと月桂樹を加えて炒め、玉ねぎがしんなりし、ツヤッと透明になってきたら小麦粉とカレー粉を加えて炒め合わせます。
3. 粉がよく馴染んだら水2/3カップとケチャップ、ウスターソースを加え、煮込みます。3～4分なら玉ねぎはシャッキリ、よく煮込んだらトロトロに。好みの煮え加減になったらごはんに添えていただきます。

材料：一人分
●玉ねぎ（中） 1個●月桂樹 1枚●オリーブオイル 適量●塩 ひとつまみ●小麦粉 大さじ1●カレー粉 大さじ1/2●ケチャップ、ウスターソース 各大さじ1●ごはん 1膳分

菜食版☆鶏そぼろの三色丼

1. きぬさやを茹で、細切りにします。
2. Aの材料でそぼろを作ります。油揚げは熱湯で油抜きしてみじん切りに。これを小鍋に入れて料理酒、醤油、すりおろししょうが、水50ccを加え、水分がなくなるまで炒りつけます。
3. Bで炒り卵を作ります。木綿豆腐をつぶしてボールに入れ、おろした長芋と調味料、ターメリックを混ぜます。フライパンにごま油を熱し、さっと炒めればOK。
4. 丼にご飯を盛り、絹さやとそぼろ、炒り卵を盛りつければできあがり。

材料：一人分
●ごはん 1膳分●きぬさや 適量●A 油揚げ 1/2枚、しょうが（すりおろし） 少々、料理酒、醤油 各小さじ1●B木綿豆腐 50g、長いも（すりおろし） 大さじ1、醤油、みりん 各小さじ1/2、ターメリック 少々

おいしいごはん&雑穀の炊き方

日本人ならなにはなくともおいしいごはん！　ごはんとおつけもの、お味噌汁があれば、それで十分満足です。
炊飯器でごはんを炊く方も多いでしょうが、土鍋で炊いたごはんはまた格別。普通の鍋でも炊けますよ。
自己流ですが、私のごはんの炊き方をご紹介します。

白米ごはん

　白米や胚芽米は土鍋で炊くとふっくらおいしい。
　炊き方は案外簡単です。いつもと同じようにお米を研いだらざるにあげ、30分ほどおいておきます。その後、土鍋にお米をいれ、お米と同量〜2割増の水をはって20〜30分浸水させます。水の量はお好みですが、私は固めのごはんが好きなのでほぼ同量、2割り増しくらいだとふっくら柔らかな炊きあがりです。
　30分たってお米がしっかり水分を吸ったところで火にかけます。火加減と炊く時間は下のプロセス通り。最後に強火にすると、おいしいお焦げができますよ。
　このやり方で、土鍋ではなく、普通のお鍋（なるべく厚手のもの）でもふっくらごはんが炊きあがります。

最初は強めの中火
↓
ふいたら弱火に
↓
弱火のまま12分
↓
最後に強火で15秒数える
↓
10分むらせば出来上がり

玄米ごはん

　玄米ごはんの水加減は、本で調べてみてもいろいろで、米の2割り増し〜5割り増しなど幅がありました。これはお好みだと思いますが、私は玄米の歯ごたえが好きなので、いつも2割り増しくらい。3カップの玄米に約3カップ半の水で炊いています。
　玄米を炊くのは圧力鍋がいちばん簡単。時間も短くてすむし、ふっくら柔らかに炊きあがります。土鍋で炊くこともできますが、時間もかかるし、食感がほろほろした感じになります。これはお好みで。
　圧力鍋での火加減と時間は下の通り。玄米100％でもいいし、ときには豆や雑穀を混ぜると栄養もさらによくなりますね。

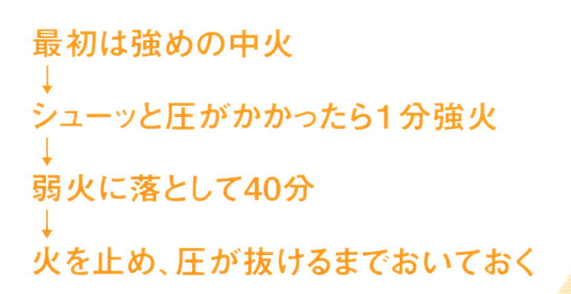

最初は強めの中火
↓
シューッと圧がかかったら1分強火
↓
弱火に落として40分
↓
火を止め、圧が抜けるまでおいておく

おかゆ

　風邪をひいたとき、胃腸が疲れ気味のとき、食欲がないとき……。ごはんつぶを食べる元気がなくても、おかゆなら不思議とさらりと入るもの。すでに炊いてあるごはんからおかゆにすると、すぐにできてラクチンですが、お米からコトコト炊くと格別のおいしさです。
　おかゆの場合は、白米で炊くなら1／2カップのお米に水は3カップの割合で。玄米のときはやはり1／2カップに対して水3カップ、またはもう少し増やしてもいいでしょう。
　下の炊き方の手順は白米を土鍋で炊く場合。普通のお鍋でも同じように炊くことができます。玄米を炊くなら、圧力鍋を使うとスピーディ。圧がかかってから40分くらい炊けばおいしくいただけます。

最初は強めの中火
↓
ふいたら弱火に落とす
↓
弱火のまま30〜40分
↓
火を止めたら全体をざっくり混ぜる

雑穀の炊き方

あわ、ひえ、キビなど、最近流行の雑穀。玄米や白米を炊くときに混ぜて炊くこともできますが、雑穀だけで炊くこともできますよ。そのままごはん代わりに食べてもいいし、スープやサラダに入れたり、ハンバーグの種に混ぜ込んだりしても面白い食感が楽しめます。
　あわ、ひえ、キビ、アマランサスなど粒の小さな雑穀は、下のプロセス通りの炊き方で大丈夫。水加減は雑穀の種類によっても変わりますが、基本は雑穀1カップに対して、水は1.5〜1.8カップくらい。
　粒の大きい高きびは下の炊き方だと無理なので、圧力鍋で10分くらい炊きましょう。

蓋をせず、強火にかける。
↓
強めの火のまま、木べらで絶えずかき回す。
↓
雑穀が水分を吸収して
もったりしてきたら弱火にして蓋をする。
↓
弱火で15分
↓
火を止め、10分蒸らす

vege column 3

旬の野菜をおいしく食べたい

　よく「1日350gの野菜を食べなさい」と言いますね。理想は緑黄色野菜が1、そのほかの野菜が2の比率がいいらしい。

　つまり、緑黄色野菜が120g、そのほかの野菜が230gくらい。緑黄色野菜120gを小松菜でとるなら3分の1束くらいだし、大根5cmと玉ねぎ1個で250gくらい。「野菜だけ」生活の私なら、らくらくクリアの分量です。でも1日350gさえとってれば、ビタミンやミネラルはバッチリなのでしょうか？

　野菜には旬があります。茄子やトマト、きゅうりなら夏、大根をはじめ根菜なら冬にたくさん取れて安くなるし、味もいい。
　それに味だけじゃなく、栄養も違うんですって！
　同じほうれん草でも、旬の12月のビタミンCの量は100gにつき55mg。ところが8月は……なんと8mg！　カロテンも12月は2803μgですが、8月は2208μgとグーンと少ない。食品成分表にのってる栄養価は、あくまで年間を通じての全国的な平均値なんです。
　ということは、「ビタミンとらなきゃ」と、むやみやたらと野菜を食べればいいわけじゃなさそう。だって夏にほうれん草を100g食べてもビタミンCは8mgですよ!?

　なら、カラダに必要な栄養を十分に摂るには？　答えはとってもあたりまえのことですが、「旬のものを食べる」のがいちばん。ほうれん草は冬のもの。だから12月のほうれん草は栄養もたっぷりあるし、味も濃くておいしい。
　スーパーに行けば、夏野菜のきゅうりも真冬でも並んでいるし、夏にほうれん草も買える時代です。でも、それってどうなんでしょう？
　最近は有機野菜も定着してきて、安心でおいしい野菜を扱うお店も増えました。有機野菜の宅配のサービスも人気ですよね。そういったところは「年中なんでもあるスーパー」とは違って、旬のお野菜が中心。冬にきゅうりが食べたい人には、ちょっと不自由かも。
　でも、冬はあったかな根菜の煮物や味の濃いほうれん草ばかり。夏はトマトやキュウリや冷やしたサラダばっかり。そんなふうに、季節にあった食べ方をしていれば、きっと栄養もしっかりとれてるはず。1日何百グラムなんて計算は、そんな食生活ならば必要ないのかもしれません。

＊参考文献『野菜のビタミンとミネラル　産地・栽培法・成分からみた野菜の今とこれから』(辻村卓編著ほか／女子栄養大学出版部)

☆おいしい野菜の買える店&宅配サービス

『エコロジーショップ　GAIA　代々木上原店』東京都渋谷区西原3-23-6 プラド1F ●03-5738-2719
＊野菜のほか、調味料やお米、乾物、雑貨、せっけん、化粧品など、からだに優しい品揃え。お茶の水店(03-3219-4865)も。
『らでぃっしゅぼーや』http://www.radishbo-ya.co.jp/　●0120-831-375(受付時間　平日9:00～18:00
＊1週間に1回届く有機・低農薬野菜のセット『ぱれっと』のほか、お米、肉、魚、お総菜、日用品など注文品の扱いも。
『身体気象農場』南アルプスの麓、白洲町で有機農業に取り組むグループ。
甲府市、北杜市、韮崎市などでとれたて野菜の軽トラ直売(問い合わせ　☎0551-35-2465)のほか、東京の西荻窪にある
「長本兄弟商会」や宅配野菜の「水土里」でも『身体気象農場』の野菜を扱っています。

第5章

ヌードル＆パスタ

やっぱりパスタ

春菊のジェノベーゼ 節約レシピ

練り胡麻と豆乳がコク決め手。必ず使ってくださいね。

春菊を使った和風ジェノベーゼソースです。春菊の香りはバジルとはまた違った魅力があるし、バジルより断然安いのも嬉しいおまけ。チーズも使わないのにクリーミーなおいしさですよ。

① 春菊は小口切りにして鍋に入れ、塩ひとつまみ（分量外）をなじませます。
② 1を火にかけ、最初は強火、湯気があがったら弱火にし、3分ほど蒸し煮にします。春菊が柔らかくなったら豆乳と小麦粉を加え、ミキサーやフードプロセッサなどでペースト状にします。
③ 2を鍋に戻して火にかけてひと煮立ち。とろみがついたら塩と練り胡麻で味を整えソースの完成。茹でたてのパスタに絡めていただきます。

材料：一人分
- スパゲッティ 70～80g
- 春菊 100g
- 豆乳 100cc
- 小麦粉 小さじ1
- 塩 小さじ1/4
- 練り胡麻（白） 小さじ1

「もう、これは……卒倒しそうなおいしさです!! 春菊の香りがたまらない(≧∀≦)豆乳と練りごまでコクもたっぷり♪ 春菊ってこんなにおいしいんだ、と改めて実感できるレシピです(^□^)!」(sonoさん)
「コクがあって、でも優しい味で･･･。大袈裟ですが、一口食べた瞬間、感動してしまいました」(*ぱんだうさぎ*さん)
「バジルとはまた違ったジェノベーゼソースはとっても濃厚でクリーミー」(pillox2)

ジェノベーゼやカルボナーラ、ツナパスタ、人気のスパゲッティも野菜だけでも作れます！

ツナスパゲッティ

高野でヘルシー

シンプルなトマトソースのツナスパゲッティもおいしいです。

高野豆腐をツナ代わりに使った、トマトクリームスパゲッティです。キュッキュ、シコシコした歯ごたえはまるで本物のツナみたい。タンパク質もたっぷり、トマトのビタミンもとれて栄養バランス満点！

1. 高野豆腐を戻し、水気を絞ってちぎります。玉ねぎはみじん切り、トマトはざく切りにしておきます。
2. フライパンにオリーブオイルを熱し、玉ねぎを炒めます。しんなりしたら高野豆腐とトマトを加えて炒め合わせ、しばらく煮込みます。
3. トマトの水分が減って煮詰まってきたら豆乳を加えてひと煮立ち、塩で味を整えて完成。茹でたてのスパゲッティにのせていただきます。

材料：一人分
- スパゲッティ　70〜80g
- 完熟トマト　1個
- 玉ねぎ　1/4個
- 豆乳　50cc
- 塩　適量
- オリーブオイル　適量
- 高野豆腐　1枚

「夫にツナよと言うと、ツナ？ 鶏と思った・・・ん！ 騙された！ 高野豆腐！ うまいな〜と気に入った様子」(junju5-8さん)

絶品☆濃厚カルボナーラ

アレルギーでもOK!

ソースが濃厚だから麺は少なめでも満足感は十分ありますよ。

事件です！ 卵も生クリームもチーズも使ってないのに、クリーミーで濃厚なカルボナーラができました。あまりのおいしさ、リッチな味に作った自分がビックリ。ボリューム満点、お腹もいっぱいです。

1. aの材料でソースを作ります。長いもはすり下ろしてトロロにし、残りの材料と一緒にビニール袋に入れます。モミモミしてアボガドをつぶしたらソースの完成。
2. 好みの野菜を食べやすく切ります。フライパンにオリーブオイルを熱し、野菜を炒めます。
3. 野菜がしんなりしたら、1のソースを入れてひと煮立ち。ソースが温まったら、茹でたてのスパゲッティに絡め、胡椒を振っていただきます。

材料：一人分
- スパゲッティ　60〜70g
- a
  - 長いも　70g
  - アボガド　30g
  - 豆乳　100cc
  - 塩　小さじ1/2
  - 醤油　少々
- 胡椒　適量
- 好みの野菜　適量
- オリーブオイル　適量

「タルタルソースとかいろいろ応用がききそうです。やっぱりizumimiurnさんは天才」(アントニオ檜さん)

📢 やっぱりパスタ2

茄子パスタ 〔茄子100%〕

🗣 にんにくが淡白な茄子を引き立てます。好きな方はやや多めに。

なめらかな茄子ペーストがなんともリッチなパスタです。「茄子をペーストにするなんて」と不思議かもしれませんが、これがホントにおいしくて。ひと皿で1人4本(!)、ペロリですよ。

❶ 茄子は直火、または油をしかないフライパンでじっくり焼きます。
❷ 焼き茄子を作るときのように、皮が黒こげになり、中身がぐじゅぐじゅに柔らかくなればOK。熱いうちに皮をむき、身を包丁で軽く叩いておきます。
❸ すり鉢かフードプロセッサで茄子とaをペースト状に混ぜ合わせます。このペーストを茹でたてのパスタに絡めて完成です。

材料：一人分
- スパゲッティ 70g
- 茄子 4本
- ⓐ 味噌 大さじ1
  - 練り胡麻 大さじ1
  - にんにく(すり下ろし) 少々

💬
「なんか、やみつきになる味でした。旦那も『これ、クセになる』といっておりました」(ちびゆうさん)
「私の好きなのは『茄子パスタ』。こんな食べ方があったなんてビックリしました」(あかねさん)
「ナスが大嫌いな彼氏も(内緒で出したら)普通にダマサレテ食べてくれて＾＾；　感謝しております。ありがとうございます☆」(のりこさん)
「何でこんなにおいしくなるのかな～っていうくらい美味しいです」(いちごさん)

茄子やきのこ、ひじきなど、"和の素材"も意外とイタリアンにマッチ。とってもおいしいですよ。

ベジタリアンのボンゴレスパゲッティ
きのこでヘルシー

料理酒のかわりに白ワインを使うと、より本格的な味わいに

アサリは使っていませんが、とってもおいしいボンゴレスパゲッティができました。アサリ代わりは舞茸で。旨みも、キュッキュとした歯ごたえも、アサリに負けないおいしさですよ。

1. 舞茸は石づきの部分を取り除き、アサリくらいの大きさに手でちぎります。玉ねぎはスライスし、パセリとにんにくはみじん切りに。
2. フライパンにオリーブオイルを熱し、鷹の爪とにんにくを炒め、香りが立ったら玉ねぎと舞茸を入れて炒め合わせます。料理酒と塩胡椒で味をつけ、隠し味に醤油をちらり。スパゲッティの茹で汁50ccくらいを加えてしばらく（1〜2分）クツクツ煮たらパセリを混ぜ合わせます。
3. 2のソースをスパゲッティにかけて出来上がり。

材料：一人分
- 舞茸　1パック
- 玉ねぎ　1/4個
- パセリ　少々
- 料理酒、塩、胡椒、醤油　各適量
- にんにく　少々
- オリーブオイル　適量
- 鷹の爪　1本
- スパゲッティ　70〜80g

「なんでこんなにも美味しいのでしょう？あさり君行き場がなくて困ってしまいますよ（笑）」（chocolateさん）

モジャモジャ☆パスタ
ひじきでヘルシー

オリーブオイルとひじきは意外と好相性。ゆず胡椒も決め手

ひじきたっぷりのヘルシーなパスタです。なんてことないレシピですが、ゆず胡椒の香りがなんともお洒落、野菜もたっぷり入れてとってもヘルシー。ひじきは鉄分も多いから女性には嬉しいレシピです。

1. 人参、ピーマン、玉ねぎ、アスパラガスなど、お好みの野菜は食べやすく切っておきます。ひじきは生なら洗ってざるにあげておき、乾物なら水に浸して戻しておきます。
2. フライパンにオリーブオイルを熱し、ひじきと野菜を炒めます。野菜がしんなりしたらゆず胡椒
3. と醤油、料理酒で味を整えます。茹でたてのスパゲッティに2を絡めてできあがりです。

材料：一人分
- ひじき（生、または戻した状態）　1カップ
- 好みの野菜　適量
- オリーブオイル　適量
- ゆず胡椒　小さじ1/2
- 料理酒　大さじ1
- 醤油　大さじ2/3
- スパゲッティ（乾麺）　70g

「ひじきの黒と、いろんな野菜を入れて色も可愛いし、ゆず胡椒の風味が本当に絶妙で、今思い出してまた食べたくなっちゃいました！」（romicha2202さん）

📢 いつでもラーメン

なんちゃって☆トンコツラーメン 〈ダイエットレシピ〉

コクを増したい時は、練り胡麻少々を加えるとおいしいですよ。

「トンコツラーメンは好きだけどダイエット中はガマン」。そんな人にはこのレシピ。白濁したスープの秘密は豆乳。ダイエット中も大丈夫な低カロリーレシピです。味もしっかりトンコツ味。満足、満腹♪

1. ラーメンスープを作ります。だし汁を沸かし、塩で味をつけます。椎茸を煮だしたダシがよく合いますが、中華スープの素やブイヨンを使っても。その場合、塩は減らしてください。
2. 1のスープに好みの野菜（キャベツ、もやし、ピーマンなど）を入れてさっと煮て、豆乳、すりゴマを加えます。
3. ラーメンを指示通りに茹でてどんぶりに盛り、2のスープを注いで小口切りのねぎをたっぷりのせていただきます。お好みで胡椒をふったり、紅生姜をあしらってもよく合います。

材料：一人分
- ラーメン（生麺でも乾麺でも） 1人分
- だし汁 2カップ
- 豆乳 50cc
- 好みの野菜 適量
- 青ねぎ 適量
- 塩 小さじ1
- すりごま（白） 大さじ1/2

「ラーメンが大好きな子供たち、インスタントも店舗のラーメンも食べさせたくなくて・・・なんちゃってトンコツ♪を出したら大喜びで食べてました」（サンタママさん）
「トンコツラーメン！感動しました。ラーメンが食べたくなったらいつも作っていますよ～♪」（しきさん）
「とんこつ風ラーメンがスキー!! ラーメンに豆乳なんて＼(≧▽≦)ノ」（ベジみかさん）
「あっさり・さっぱり、おいしいです♪ 最初は"え～、豆乳?"と、ぶ～たれていた息子も、ペロッとたいらげました」（ricopiさん）

ラーメンが嫌いな人っているんでしょうか？忙しい日のお昼、夜中に小腹がすいた時、いつも「やっぱりラーメン！」です。

あったか白菜☆塩ラーメン （白菜だけで）

ラーメンの麺のかわりに素麺でも。すぐに茹で上がり便利です。

身も心もぽっかぽか♪白菜たっぷりのおいしいラーメンです。じっくり蒸し煮した白菜はトロンとやわらか。インスタントラーメンより少々時間はかかるけど、それでもとっても簡単です。

1. 白菜は細切りにしておきます。
2. ゴマ油を熱して塩ひとつまみ（分量外）を馴染ませてから白菜を入れます（これがコツ。こうしておくと、塩味が全体にムラなく馴染みます）。
3. ザザッと炒めて白菜がしんなりしてきたら蓋をし、4～5分蒸し煮。白菜が柔らかくなったら水300ccと塩を加え、軽く煮込んだらスープの完成。茹でた麺にかけていただきます。

材料：一人分
白菜　200g
塩　小さじ2/3
ゴマ油　少々
中華麺　ひと玉

「9歳息子のお気に入り。白菜の甘みといい胡椒のパンチと言い、もう息子メロメロ。何度も作らされました」（沙羅さん）
「北海道はラーメンで有名ですが、私にとってはどこのラーメン屋のより美味しい」（w201bさん）

カッパな☆ラーメン （きゅうりだけ！）

素麺をラーメン代わりに使ってますが、中華麺でもかまいません。

カッパも喜ぶ、きゅうりのラーメンです。「きゅうりのラーメン？」と思うかもしれませんが、煮ても焼いても生でもおいしいきゅうりはラーメンにしてもやっぱりナイス。意外なおいしさに驚きです。

1. きゅうりは細切り、生姜はみじん切りにしておきます。
2. 鍋を火にかけてごま油をしき、生姜を炒めます。香りがたったら、きゅうりも加えて炒め合わせ、料理酒と醤油を加えて味をからませます。
3. 250ccの水を注ぎ、昆布茶を入れて味を整えスープのできあがり。茹でたての素麺にスープを注ぎ、いただきます。

材料：一人分
素麺　ひと束
きゅうり　1本
生姜　少々
料理酒　大さじ1
醤油　大さじ2/3
昆布茶　小さじ1/4
ごま油　適量

「きゅうりの甘みと生姜の辛みがとてつもなく私の好み！」（海苔さん）

いつでもラーメン2

菜食版☆皿うどん （ボリューム満点）

スパゲッティはラーメンの太麺のかわりになるんです。

うどんと名前はついてますが、皿うどんもラーメンの仲間ですよね。普通は肉や魚介類たっぷりですが、野菜だけのヘルシーレシピでできました。ダシもとらずにパパッと作れて大助かり！

1. 高野豆腐はぬるま湯で戻し、一口大にちぎります。生姜はみじん切り、しめじと野菜は食べやすく切ります。昆布茶は200ccのお湯で普段飲むときよりやや薄めに溶きます。
2. ごま油を熱し、生姜を炒めます。香りが立ったらしめじ、高野豆腐、さらに火の通りにくい野菜から順番に炒め合わせます。
3. 野菜がシャッキリしているうちに昆布茶を注ぎ、料理酒と醤油で味を整え、水溶き片栗粉でとろみをつけます。茹でたスパゲッティを皿に盛り、スープをかけていただきます。

材料：一人分
- しめじ　1パック
- 好みの野菜　たっぷり
- 高野豆腐　1/2枚
- 生姜　ひとかけ
- 昆布茶　適量
- 料理酒、醤油　各小さじ1
- 水溶き片栗粉　適量
- ごま油　適量
- スパゲッティ　70g

「ふだん散々お肉やお魚を食べてる私でさえ物足りなさなどど全くなく、こっちのほうが全然おいしいのです!!」(nami342323296さん)

カロリーハーフ担々麺 （ダイエット向き）

野菜は生のレタスなどを飾ってもいいし、茹でた青菜もいいですね。

担々麺というと麺のカロリーももちろん、挽肉も入ってダイエット向きとは言えません。でも、このレシピは切り干し大根が肉代わりだから超ヘルシー。しかも麺もカロリーハーフ、太らず安心です。

1. 切り干し大根と干し椎茸をいっしょに水につけて戻し、みじん切りにします。生姜はすりおろし、ねぎは刻んでおきます。
2. フライパンにごま油を熱し、みじん切りの切り干しと椎茸を炒りつけます。aで薄めに味をつけます。これが挽肉がわりです。
3. スープを作ります。1の戻し汁150ccを沸騰させ、すり下ろし生姜と刻みねぎを加えて、bの調味料を加えます。
4. 中華麺とえのきを茹でてもり、2と好みの野菜をトッピング。スープをかけて完成！

材料：一人分
- ラーメンの麺　1/2玉
- えのきだけ　1/2袋
- 切り干し大根　ひとつかみ(15gくらい)
- 干し椎茸　1枚
- 生姜　ひとかけ
- ねぎ　5cmくらい
- a 料理酒　大さじ1
- 　 醤油　少々
- b 醤油　大さじ1/2
- 　 練り胡麻(白)　大さじ1/2
- 　 料理酒　大さじ1/2
- 　 豆板醤　小さじ1/4
- 好みの野菜　適量

「担々麺に限らず、切り干しをつかったレシピはみんな大好きです。切り干しのすごさを再認識しました」(momocoさん)

担々麺も皿うどんも野菜だけで十分おいしい♪　どれもおすすめです。

大人の風味☆サラダそば　野菜たっぷり

野菜は人参、ピーマン、アルファルファなどなんでもお好みで。

野菜たっぷりのヘルシーな冷やし中華はいかがですか？　ハムも卵のなしのシンプルさだけど、ひと味違うのは、コクとうまみがつまった特製のタレのおかげ。作り方は簡単、麺を茹でてる間に作れます。

1. 切り干しはさっと洗います。50ccの水と酢、醤油を合わせて混ぜ合わせ、切り干しを浸して戻し、柔らかくなったら食べやすく切ります。好みの野菜はすべて細切りに。
2. 1の戻し汁に練り胡麻を加え、よく溶き混ぜます。お好みで五香粉を少々振り入れ、特製タレの完成です。
3. 冷やし中華の麺が茹で上がったらしっかり水で締め、細切りの野菜と切り干しをきれいにトッピング。2のタレを回しかけ、いりごまをたっぷり振ったら完成です。

材料：一人分
お好みの冷やし中華の麺　1人分
好みの野菜　適量
切り干し大根　ひとつかみ（10〜15g）
酢　大さじ1
醤油　大さじ2/3〜大さじ1
練り胡麻（白）　大さじ1/2
ごま　適量
五香粉　少々

「いやぁ〜美味しいわ〜♪　冷やし中華より好きかも。何より切り干し大根の甘みの入ったスープが美味しいですね」(tatsukoy2さん)

情熱の☆ニラーメン　5分でできる！

トマトジュースのうまみでダシもスープも不要です。

しゃっきり炒めたニラがとっても甘い。ニラだけのラーメンです。トマトスープのおかげでニラの香りも和らぎ、ひとりひと束は楽勝。3〜5分あれば作れてしまう、インスタントラーメン並の手軽さです。

1. ニラはざく切りにしておきます。小鍋にトマトジュースと水1/2カップを入れて火にかけ、塩少々で味を整えます。味加減はお好みですが、トマトのうまみがあるから少量でも十分。ひとつまみ程度でまとまります。
2. フライパンにごま油を熱し、油が熱くなったところで塩ひとつまみ（これがコツ）、そこにニラを加え、ザッと炒めます。ニラのしゃっきり感が残っているうちに火をとめます。
3. 茹でたての素麺を丼に盛り、1のスープを注ぎ、2のニラをのせたら完成です。

材料：一〜二人分
ニラ　ひと束
トマトジュース　1カップ
塩　適量
素麺　ひと束
ごま油　適量

「ニラーメン。。素敵♪明日はコレに決まりだわ〜♪」(soft-lifeさん)

📢 日本人なら蕎麦、うどん

おろしあんかけ蕎麦 〈胃腸に優しい〉

🌿 大根おろしはたっぷりと。生姜も少し多めがおいしさの秘密です。

どうしてこんなにおいしいのだろう。大根おろしたっぷりのあんかけ蕎麦。身も心もポカポカに温まります。胃腸が疲れた時や風邪気味のときにも。ときどき無性に食べたくなる、大好物のひとつ。

1. 大根おろしを作ります。生姜もすりおろしておきます。片栗粉は同量くらいの水で溶き、干蕎麦は茹でて水でしめておきます。
2. 鍋にだし汁をわかして酒と醤油で味をととのえ、好みの野菜やきのこを煮ます。ほどよく煮えたら水溶き片栗粉でとろみをつけ、大根おろしと生姜を入れ、ひと煮立ちさせて火をとめます。
3. ゆで汁を沸騰させて1の蕎麦を通して温め、器に盛ります。ここに2のあんをかけてできあがりです。

材料：一人分
- 干蕎麦　70〜80g
- 大根　5cmくらい
- 生姜　ひとかけ
- だし汁　250〜300cc
- 醤油　大さじ1と1/2
- 料理酒　大さじ1
- 好みの野菜やきのこ　適量
- 片栗粉　大さじ1/2

💬 「初めて食べたときの感激は絶対忘れません」（YASHIGANIさん）

ほっとひと息☆ほうじ茶うどん 〈お茶でさっぱり〉

🌿 冷やしうどんなら茹でた後、冷水でしっかりしめて汁をかけて。

忙しくて疲れ気味のとき、外食続きで胃腸がへばってるとき。そんなときにはうどんが嬉しいです。でも、めんつゆもない、ダシもない！　大丈夫。お茶を入れるひと手間でおいしいうどんが作れますよ。

1. 好みの野菜や海藻類は食べやすく切ります。生で食べられない野菜はサッと茹でるか蒸しておきます。しょうがはすり下ろしておきます。
2. ほうじ茶と醤油を混ぜてうどんの汁を作ります。冷やしうどんなら冷たいほうじ茶で。あったかうどんなら熱いほうじ茶で用意を。茹でたうどんに汁をかけ、野菜や海藻をトッピング。しょうがをたっぷりのせていただきます。

材料：一人分
- うどん（乾麺）　70g
- 好みの野菜や海藻類　適量
- しょうが　ひとかけ
- ほうじ茶　1カップ
- 醤油　大さじ2/3

💬 「冷たいうどんは久しぶりに食べけど、ものの数分で完食。。。もう一杯食べたいな。。。」（きよさん）

パスタやラーメンもいいけど、ホッとするのはお蕎麦やうどん。ごちそう続きでお腹が疲れたときでも、不思議とつるつる入ります。

熱々☆釜あげ練り胡麻うどん

お手軽レシピ

野菜はなんでも。半端に残った青菜や人参、青梗菜などもいいですね。

アツアツの釜あげうどんも大好物。茹でたてのうどんにコクのある練りごまだれをかけた、かわりうどんもおいしいです。リッチでクリーミーなおいしさ。栄養も満点の、練り胡麻うどんのレシピをどうぞ!

1. aを合わせてタレを作っておきます。好みの野菜やきのこは、すべて食べやすく切っておきます。
2. うどんを袋の指示通りの分数で茹で、茹で上がる1〜2分前に野菜やきのこも放り込んで、いっしょに茹でます。
3. 茹で上がったうどんと野菜を丼に盛り、タレをのせれば完成です。よく全体を混ぜ合わせてからいただきます。

材料:一人分
- うどん(乾麺) 70g
- 好みの野菜やきのこ類 適量
- a 練り胡麻(白) 大さじ1
-   醤油 大さじ1/2
-   おろしにんにく 少々

「子供が凄い勢いで食べてくれました。さっささーとできてしまいますよー*」(沙葡季さん)

3分で☆由緒正しきカレーうどん

3分でできる!

切り干しの甘みが出るので、砂糖やみりんは必要ありません。

たまに食べたくなるのがカレーうどん。でもめんつゆがなかったり、ダシをとってないと、ササッとは作れません。でも、このレシピなら大丈夫。麺を茹でてる3分の間におそば屋さんに負けない味になりますよ。

1. 切り干し大根は洗ってキッチンばさみで食べやすく切ります。生椎茸はスライスして小鍋に入れ、水300ccを入れて火にかけます。
2. 1が沸騰するまでの間に好みの野菜を洗って小さめに切ります。野菜は何でもいいですが、煮えやすいものがおすすめ。
3. お湯が沸いたら野菜を加え、野菜が煮えたらカレー粉と醤油で味を整えます。切り干しと椎茸のダシで十分ですが、物足りなければ粉末のダシを加えても。水溶き片栗粉で好みのとろみをつけ、うどんにかけていただきます。

材料:一人分
- うどん ひと玉
- 切り干し大根 ひとつかみ(15gくらい)
- 生椎茸 2枚
- 好みの野菜 適量
- カレー粉 大さじ1/2
- 醤油 大さじ1/2〜1/3
- 水溶き片栗粉 適量

「切り干し大根、よいおだしが出るんですね〜」(Lotus_Wingさん)

📢 izumimirun流料理のコツ

コツ1
超簡単!
手抜きダシとり術

　菜食や「マクロビオティック」ではかつおぶしや煮干しじゃなく、昆布や干し椎茸でダシをとるのが基本。ホントはゆっくり煮出し、泡が立ったら引き上げて……と、ていねいに取るものなのでしょうが、めんどくさいから私は手抜きで。麦茶を入れる容器などにダシ昆布と干し椎茸をポンッ。ドボボッと水を注いで冷蔵庫にしまっておけば、味噌汁だろうが煮物だろうが、うどんのおつゆだろうが、いつでもすぐに作れます。

　ただ、この方式だとダシがらの昆布や椎茸が残ってしまう。刻んで味噌汁や煮物に入れたり、醤油と料理酒で煮込んで佃煮もできますが、毎日だと持てあましがち。

　というわけで、私がよくやるのは、乾物やきのこ類の力を借りること。たとえばスープなら、えのきだけや椎茸と野菜をザッと炒めて水を注いでひと煮立ち。これだけで十分うまみがでます。きのこがなければ、野菜だけでも繊細なうまみがありますが、味見して物足りなければ、乾燥わかめやめかぶ、もずくなどをサッと散らせば磯の香りのダシができます。

　また頼りになるのが切り干し大根。サッと洗った切り干しを具に加えれば、甘みとうまみが出て、煮物がおいしく仕上がりますよ。
→即席葱スープ(92P)、ロールキャベツ(32P)など

シイタケとコンブを入れるだけ!

コツ2
野菜の甘みを引き出すのは
ひとつまみの塩

　野菜のいちばんおいしい食べ方は蒸し煮じゃないかと思います。茹でるとうまみがお湯に溶け出しちゃいますから。蒸した野菜はほっこり甘い！　ただ、蒸し煮するにもやり方にひと工夫を。

　野菜の甘みを100%引き出すのは「ひとつまみの塩」。

　人参でも大根でもキャベツでも、食べやすい大きさに切ったら少々の塩を

全体にまぶし、野菜がじんわり汗をかいてきたようになったら蓋をして、火にかけます。最初は強火、蒸気があがったらごく弱火にし、野菜が柔らかくなるまで蒸し煮にすればOKです。細切りの野菜や青菜なら加熱時間は短くてOK。イモ類や大きく切った野菜は焦げつくおそれがあるから、途中で少し水を足して様子を見ながら蒸し上げます。

塩蒸しした野菜はそれだけでも存在感たっぷりのおいしさ。お好みで仕上げにお酢や醤油、オイルなどを少々たらしてもいいですね。
→天使のサラダ(40P)、ほかほか☆海苔大根(53P)など

こうなったら火にかけてよ

コツ3
炒め物やソテーは炒めず、蒸し焼きで

フタをピッチリ！おいしくむして♥

青菜の炒めものなどは、多めの油でサッと炒めるのがおいしいのかもしれませんが、私は油がちょっと苦手。かといって、油をちょっとしか使わないと焦げついたり、火が通ったところ、生っぽいところと差が出てしまったり。

そんな悩みを一気に解決してくれるのが、蒸し焼きの手法。青菜やピーマン、人参、もやしなど、炒めたい野菜を小鍋に入れて、塩（または醤油、味噌など）と油（ゴマ油、オリーブオイル）などを少量かけて全体に混ぜ合わせます。

あとはコツ2の蒸し煮と同じくピッチリ蓋をし、最初は強火、蒸気があがったら弱火にし、野菜がしんなりなったら全体をザッと混ぜ合わせればOKです。こうすれば味も油も全体にまわるし、加熱にムラもできません。普通に炒めたりソテーするより、野菜の甘みも引き立つ、おすすめの調理法。この応用編で、野菜のカレーや肉なしすき焼きなど、煮込む料理もオイルをたらして蒸し焼きすると、野菜だけでもコクが出ますよ。
→肉なしすき焼き(36P)、緑のカレー(61P)など

📢 izumimirun流料理のコツ

コツ4
揚げ物もほんの少しの油でOK

　揚げ物は油の後始末が面倒なもの。少なめの油で「揚げ焼き」にする人も多いかもしれませんね。「揚げ焼き」というと、ふつうはフライパンに1〜2cmの油をしいて、裏返しながらカリッとあげる方法ですが、私のはもっとググーッと油控えめです。

　どれくらい少ないかというと、1人分の揚げ物に対し、大さじ1にもならないくらいの油の量。たとえば、さつまいもの天ぷらを4枚、一口肉団子（もどき）を5〜6個揚げるにも、これくらい少なくて大丈夫。

　ただし、やり方にはコツがあります。フライパンを火にかけ、十分熱くなったらフライパンの中央に油をたらし、よく熱します。このときフライパンを傾けると油がフライパン全体に馴染み、油の膜が薄くなってしまうから要注意！

　油が十分熱くなったら素材を油の上に乗せ、強火のまま、焦げ目がつくまでじっくり焼きます。カリッと焼けたらフライ返しで裏返し、やや火を弱めてさらにカリッと焼きつけます。あわててかき回すと、天ぷらや唐揚げの衣がはがれたり、肉団子（もどき）などが崩れる原因に。「焦げ目がつくまで裏返さない」、これが鉄則です。

→大根の唐揚げ（24P）、失敗しないがんもどき（30P）など

そーっとのせて♥

油はこのくらいで充分！

コツ5
お焼きなどの粉物は
じっくり蒸し焼きに

　野菜やきのこ、海藻などを小麦粉でまとめて焼くお焼きやベジバーグ、片栗粉でまとめて焼くチヂミなどの粉物レシピは、加熱が足りないとタネの中のほうが粉っぽくなってしまい、失敗の原因に。

　この失敗を防ぐには、タネを焼きつけるとき、じっくり蒸し焼きにすること。たとえば小松菜のチヂミ（28P）は、小松菜を片栗粉でつないで焼きつけますが、油を敷いたフライパンで片面を強火で焼き、カリッと焦げ目がついたら裏返して蓋をし、弱火にします。そしてそのまま3〜5分、じっくり蒸し焼きに（加熱時間はタネの大きさで調節します）。中まで火が通ったら、蓋を取って火を強め、水分を飛ばしてカリッと焼きつけ、完成です。

　蒸し焼きにしている間に、素材の水分が粉となじみ、中はしっとり、外はカリカリに焼き上がるのです。
→えのきのお焼き（29P）、玉ねぎだけのハンバーグ（11P）など

コツ6
野菜は丸ごと、捨てずに使う

　大根でも人参でも、なんでも皮ごと。葱の青い部分や青菜の根の部分も、工夫すれば使えます。大根や人参などは、皮つきのまま煮たり、焼いたり、炒めたりすれば、そのままおいしく食べられます。じゃがいもも、芽だけはとって、皮もそのままで。お客さま料理などで、どうしても皮をむきたいときは、野菜の皮だけできんぴらを作ったり、ぬか漬けや醤油漬けにするなど、ほかの料理に使います。

　小松菜や三つ葉の根は、きんぴらのように炒めると、コリコリ歯ごたえがあっておいしいもの。ねぎの青い部分は青臭さを嫌う人もいますが、炒めれば青臭さは飛んでねぎの香りは残るから、野菜炒めの香り野菜として使えます。

　冷蔵庫の中で忘れ去られ、しなびかけてしまったねぎの青い部分や大根の葉っぱなどが半端に見つかったときは、よく洗って水をはって火にかけます。煮立ったら弱火にし、そのままコトコト10分も煮込めば、澄んだ香りの野菜ストックに。煮物や汁もののダシ代わりに使えますよ。

vege column 4
野菜をおいしく食べるには?

とれたての野菜は感動的なおいしさです。畑で野菜を囓るとビックリするほど甘くておいしい。なんの調味料もいりません。まさに「野菜の命をいただいてる」気がします。

でも、自分で畑をやってるならともかく、そうでなければとれたて野菜を食べるのは無理。

野菜は収穫すると土から栄養補給ができなくなりますが、たくわえた養分を分解しながら命を保ちます。でも、時間が経つほど栄養価は徐々に失われてしまう。

お店に並ぶころには収穫してからある程度時間が経っているし、買ってきていつまでも冷蔵庫にゴロン。これでは栄養は失われていく一方、味も落ちてしまいます。

野菜が収穫後、どれくら生き続けられるかは野菜によっても違いますが、低温で(つまり冷蔵庫で)休眠状態にしてあげると、しばらくは保存可能です。キャベツや白菜などかなり日持ちのする野菜もありますが、青菜の野菜、絹さや、スナップエンドウなどのさやもの野菜、きのこ類などは、冷蔵庫で保存しても5〜10日が限度です。だから、まとめ買いをしなきゃならないなら、せめて1週間で食べきれる量を目安にしたいですね。

冷蔵庫での保存の仕方ですが、基本は畑でなっている状態と同じようにしてあげること。青菜の野菜やキャベツ、ブロッコリー、ねぎ、アスパラガスetc……。立った姿勢でなっている野菜は、立ててしまってあげましょう。寝かせると、立ち上がろうと頑張って、余計に養分を消耗してしまうのですって。

トマトやキュウリ、茄子など、ぶらさがってなる野菜は、立てても寝かせても大丈夫。

保存する温度も、野菜によって違います。0度前後で保存するといいのは、ほうれん草、人参、キャベツ、かぶ、白菜、大根、葱、レタスなど。なすやトマト、南瓜、キュウリ、山芋、ピーマンなどは7〜10度。ちなみに冷蔵庫の野菜室はだいたい6〜7度。キュウリや茄子は冷やしすぎると低温障害を起こして品質が落ちるから要注意です。

大根やキャベツは新聞紙でくるんで冷蔵庫にしまう。白菜やキャベツはしめらせた新聞でくるんで冷蔵庫へ。玉ねぎはネットに入れるかかごなどに入れて冷暗所に保存。ほうれん草や小松菜、水菜などの葉物野菜は、長く冷蔵庫に入れっぱなしにするよりは、買ってきてすぐにサッとゆで、容器に入れて冷蔵庫で保存する……。

保存のコツはいろいろあるようですが、いちばんの基本は「買ってきたらなるべく早く食べきること」。安いからとまとめ買い。野菜室がギュウギュウ、というのはやめたほうがよさそうです。

＊参考文献『栄養と保存と調理の知恵 野菜のソムリエ「ベジフル キッチン」』(日本ベジタブル&フルーツマイスター協会)

第6章

スープ&汁物

満腹スープ

とろ〜り熱々☆チーズのスープ アレルギーでもOK!

野菜は人参やブロッコリー、アスパラガスなどなんでもお好みで。

チーズの香りがなんともリッチなスープです。とはいえ、乳製品は使ってません。チーズじゃないのになぜチーズ？ チーズ風味の秘密は酒粕の香り。身も心もとろけそうにおいしいです。

1. aの材料を小鍋に入れます。酒粕は小さくちぎって入れましょう。
2. 鍋を火にかけ、弱火で酒粕を溶かし、とろみがついたらOK。火を止めて酢を加え、とけるチーズの完成です。(この状態でディップとして野菜などにつけて食べてもおいしいです)。
3. 別の鍋に昆布だしを沸かし、好みの野菜やきのこを煮込みます。野菜が柔らかくなったら1のとけるチーズを加えて軽く温め、味が薄ければ塩少々で味を整えます。

材料：一人分
- a 酒粕 20g
  - 豆乳 1/2カップ
  - 塩 小さじ1/2
- 酢 大さじ1
- 昆布だし 1/2〜1カップ
- 好みの野菜やきのこ類 適量

「酒粕のチーズなんていう、マクロ本とはまた違ったizumiさんのレシピを広めたいです」(cramu412さん)
「まちがって、すべて最初に鍋に入れて煮込んでしまいましたがおいしくできました。煮込めば煮込むほど、チーズっぽさが増すすが・・・」(にょきにょきニョッキさん)
「酒粕をたっぷりと溶かし入れるとチーズのようなコクがでて本当に本当に美味しいです♪」(kochi3153さん)

具だくさんのスープがあれば、後はパンだけでも立派なランチに。お腹いっぱいのボリュームスープをどうぞ!

焼きピーマンとトマトのスープ <small>あっさりヘルシー</small>

トマトのうまみで水でも十分おいしいです。ダシならより深い味に。

じっくりグリルして焦げ目のついたピーマンの苦みと、トマトの甘みと酸味が相性ピッタリ。ボリュームはあるけれど、さっぱりおいしいスープです。アツアツでも、夏なら冷たく冷やしてもいいですね。

❶ ピーマンとトマトは丸ごとのまま耐熱皿などに入れて、オーブンでじっくり焼きます。
❷ ピーマンにこんがりと焦げ目がつき、トマトがじゅくじゅく熱く、やわらかくなったらOK。オーブンから取り出します。
❸ ピーマンはざく切り、トマトはつぶして鍋に入れ、好みのだし汁やスープストック、または水でのばして火にかけ、塩で味を整えたら完成です。お好みで胡椒を振っていただきます。

材料:一人分
ピーマン 1個
トマト(中) 1個
塩 少々
好みのだし汁、または水 100cc

「こんなシンプルな調理法なのに、びっくりするほど美味しかった! 甘さと酸味と、苦みが絶妙～」(サラママさん)

カレー味☆キャベツなスープ <small>栄養満点!</small>

高野豆腐を小さくちぎると、ツナっぽい食感で面白いですよ。

たっぷりキャベツと"なんちゃってツナ"のキャベツなスープです♪蒸し煮したキャベツはほっこり甘くて、幸せの味。ツナのおかげでボリュームアップ。ダシもストックもいらないから作るのも簡単です。

❶ 高野豆腐は戻して細かくちぎっておきます。キャベツは細切りにしておきます。
❷ 鍋にオリーブオイルを熱して塩ひとつまみ(分量外)を馴染ませ、キャベツを炒めます。しんなりしてきたら月桂樹を入れて蓋をし、弱火で10分ほど蒸し煮します。
❸ キャベツが柔らかくなったら、高野豆腐を加えてざっと炒め合わせ、水1カップとaの調味料を加えて、5分程度煮込んだらできあがりです。

材料:一人分
キャベツ 150g
高野豆腐 1/2枚
月桂樹 1枚
オリーブオイル 適量
ⓐ カレー粉 小さじ1弱
　塩 小さじ1/4
　ウスターソース 小さじ1
　ケチャップ 小さじ1

「高野豆腐をキャベツに見立てる。。。最高!!」(うーらさん)

満腹スープ2

あったかチャウダー
きのこでヘルシー

塩をして蒸し煮することで、野菜の甘みがグッと引き立ちますよ。

アサリは入っていませんが、とってもおいしいチャウダーです。アサリみたいに見えるのは、アサリよりもっとおいしい舞茸です。牛乳やクリームも使わないから低カロリー、ダイエットにもおすすめ。

1. 舞茸は石突きを取って、食べやすくほぐします。好みの野菜も食べやすく一口サイズに切っておきます。野菜は人参や玉ねぎ、じゃがいも、ブロッコリーなど、なんでもOKです。
2. 鍋に1を入れ、塩ひとつまみをふり、全体になじませます（これがコツ！）。蓋をして火にかけ、湯気が立ったらごく弱火にし、3～4分蒸し煮します。
3. 野菜が柔らかくなったら豆乳を注ぎ、酒粕もちぎりながら加えます。軽く煮込んで野菜が柔らかくなったら塩で味を整え、完成です。

材料：一人分
- 舞茸　1/3パックくらい
- 好みの野菜　適量
- 塩　適量
- 豆乳　1カップ
- 酒粕　ひとかけ（10gくらい）

「南瓜と葱をいっしょに煮込んでみました。おいしすぎ」（natsuさん）

キャベツの芯のほっこりスープ
エコレシピ

トマト味にしたり、仕上げにカレー粉などをふってもおいしいです

キャベツの芯って冷蔵庫にずっと転がっていたりしませんか？　捨てるのもおしいけど使い道が……。そんなキャベツの芯でスープを作りました。じっくり煮込むとほっこり甘い！意外なおいしさです。

1. キャベツの芯は刻んでおきます。分量が少なければ葉もいっしょに刻んでおいて。
2. 厚手の鍋にオリーブオイル少々を熱し、1を入れ、塩ひとつまみ（分量外）をふって軽く炒めます。キャベツがしんなりしてきたら月桂樹を入れてピッチリ蓋をし、15～20分弱火で蒸し煮します。
3. 2に水300ccを注いで煮立て、塩小さじ1／4で味をつけます。煮立ったら弱火にし、10～15分煮込めば完成です。

材料：一人分
- キャベツの芯（細切りの状態で）　カップ2杯分
- オリーブオイル　少々
- 月桂樹　1枚
- 塩　小さじ1／4

「捨てていた芯がこーんなにおいしいおしゃれなカフェメニューになったときは感動でした」（しおんさん）

コトコト煮込んだボリュームスープも、ササッとできるボリュームスープも、どっちもとってもおいしいです。

トロトロ☆白菜カレースープ

材料ひとつ!

淡白な白菜にはカレー味はよく合います。小さなお子さんにもおすすめ

白菜がとろっとろ、とろけてしまいそう。カレー味でちょっと華やかな白菜のスープです。ボリュームたっぷりだから、これとパンだけで軽いランチやお夜食にも。調味料以外は白菜だけ。お手軽です。

1. 白菜は細切りにしておきます。
2. オリーブオイルを熱して塩ひとつまみ（分量外）を先になじませ、白菜を加えてザッと炒めます。こうして炒めると、塩味が素材全体になじみます。
3. 白菜がしんなりしたら月桂樹を入れて蓋をして弱火にし、10分蒸し煮します。
4. 2に水1カップを注ぎ、aの調味料を加えて5分くらい煮込んだら完成です。

材料：一人分
白菜　200g
オリーブオイル　適量
a カレー粉　小さじ1
　塩　小さじ1／4
　ウスターソース　大さじ1

「カレー味の白菜のスープ、美味しそうですね〜。白菜がとろりんとして甘くて美味しそう」（まりあさん）

サラダなスープ

3分でできる

涼しい日には熱々スープにしてもおいしいです。

火を一切使わずに作れる、即席冷製スープ。サラダ感覚でパンといっしょに。冷たいパスタを入れてもおいしいです。恥ずかしいくらいの手抜き料理ですが……。味は意外と本格派。インスタントなガスパチョという感じです。

1. 野菜はそれぞれ食べやすく、千切りや薄い輪切りにしておきます。野菜の種類はサラダになるものならなんでもOK。ピーマン、きゅうり、玉ねぎ、人参、ゴーヤなどお好みで。野菜を切ったらひとつまみの塩をまぶしておきます。
2. 野菜ジュースと水（できればミネラルウォーター）を1に注ぎ、おろしにんにくも混ぜます。味をみて薄ければ塩を少々加えます。お皿に盛ったらオリーブオイルをひとたらし。お好みで胡椒やタバスコをふっていただきます。

材料：一人分
野菜ジュース　150cc
水　50cc
好みの野菜　たっぷり
にんにく（すり下ろし）　少々
塩　適量
オリーブオイル　少々

「これ、簡単でヘルシーでほんとに美味しい！ダンナ殿も朝からたくさん食べれました！」（puko_salseraさん）

📢 とろ～りポタージュ

カッパな☆ポタージュ 〈3分でできる〉

きゅうりの風味が壊れないよう、プロセス2で入れたらひと煮立ちだけで。

カッパも満足、きゅうりのポタージュスープです。さっぱりしていてまろやかで、これはホントにおいしいです。熱々を飲んでも、よーく冷やしても。薬味には茗荷などがよく合いますよ。

1. きゅうりは2／3はすり下ろします。1／3は輪切りにし、オリーブオイルで炒めます。
2. 下ろしたきゅうりと豆乳、炒めたきゅうりを鍋に入れ、ひと煮立ちしたら塩で味を整えて完成です。

材料：一人分
きゅうり　1本
豆乳　150cc
塩　適量
オリーブオイル　適量

「キュウリのポタージュを作ってみました。とてもおいしかったです。ありがとうございました！」（sally0831さん）

甘いポタージュ 〈栄養満点!〉

冷製スープもいいですが、あったかくしてもおいしいです。

暑い日は冷たいポタージュはいかがですか？ やさしいおいしさの黒豆のポタージュスープです。茹でた黒豆さえあればあっという間にできるし、火も使わないからラクラクです。

1. 黒豆を茹でます。洗って3倍くらいの水につけ、圧力鍋でガーッと10分。圧が自然に抜けるまで放っておくと柔らかくゆだります。
2. 黒豆は飾りように数粒とりわけておきます。残りの材料と一緒にフードプロセッサやジューサーでガ～ッとかき混ぜます。スープ皿に盛り、黒豆を飾れば完成です。

材料：一人分
黒豆（茹でた状態で）　1/4カップ
豆乳　150cc
塩　小さじ1／3

「黒豆大好きです！スープ、クリーミーでおいしそう～～！ですね」（はるちさん）

とろとろのポタージュスープは優しい味で大好きです。胃腸が疲れてるときにもスッと入るから不思議です。

ししとうのポタージュ

栄養満点

豆乳と合わせるとししとうの苦みが和らぎます。苦手な方にも。

ししとうというと、ふつうは子供は苦手な野菜ですが、ポタージュにすると食べやすいかも。牛乳をとる方なら、牛乳にしても。生クリーム少々でリッチにしてもいいですね。

1. ししとうは小口切りにし、ひたひたのお湯で一度ゆでこぼします。これで苦みが抜けて、食べやすくなります。
2. もう一度ひたひたの水を張って火にかけ、柔らかくゆだったら豆乳を加え、フードプロセッサーなどでポタージュ状に。
3. 塩少々と昆布茶(またはスープの素)で味を整え、完成です。

材料:一人分
ししとう 6本
豆乳 150cc
昆布茶 適量
塩 適量

「ししとうって素焼きしか思いつかないほど、あまり買わない食材でしたが、凄くおいしそうですね!」(youscream1978さん)

南瓜の即席ポタージュ

3分でできる!

きなこが入ると香ばしいですが、苦手なら省いても構いません。

ものの数分で甘〜い南瓜のポタージュができました♪数分で煮える秘密は、南瓜をすり下ろしてしまうこと。さっと火が通って大助かりです。即席なのにトロリおいしいポタージュですよ。

1. 南瓜と生姜はすり下ろしておきます。きなこは少々の水で溶いておきます。
2. 小鍋に水150ccと昆布茶を入れて火にかけます。昆布茶の量は控えめに。普段飲むときよりかなーり薄めの感じです。
3. 煮立ったら1の南瓜と生姜を入れて軽く煮込み、塩ふたつまみ程度で味を整えます。仕上げに水溶きのきなこを加え、香りをつけたら完成です。

材料:一人分
南瓜 70g
生姜 少々
昆布茶 少々
塩 適量
きなこ 小さじ1

「パンプキンスープにきなことこぶ茶ねぇ。ホント、いつもながらアイデアに脱帽です」(watchsjpさん)

即席スープ

即席☆美女スープ　お湯注ぐだけ

あっという間にできる、爽やかな味のスープです。ビタミンたっぷり、美肌にもよさそう。だから「美女スープ」。刻んで、混ぜてお湯かけて〜の3ステップだから、忙しい方にもピッタリですね。

具はサラダにできる野菜ならなんでもプラスしていいですよ。

1. トマトはざく切り、玉ねぎとパセリはみじん切りにしておきます。
2. 1と残りの材料を混ぜ合わせて器に入れます。これが美女スープのもと。このままサラダとして食べてもおいしいです。
3. 熱湯80ccを2に注ぎ、かき混ぜたら完成。玉ねぎの苦みが気になるときは、サッと煮立てると苦みは抜けますよ。

材料：一人分
- トマト　1/2個
- 玉ねぎ（みじん切りの状態で）　大さじ2
- パセリ　適量
- 塩　ふたつまみ
- オリーブオイル　少々
- 酢　大さじ1/2

「私のイチオシは、ズバリ『美女スープ』！コレ、ホントに、お店で出しても不思議じゃないほどの美味しさ☆」(lhsさん)

即席葱スープ　ダシもいらない

先に油に塩を馴染ませると、味が素材にムラなくついておいしいです。

ダシもスープストックも使わないお手軽スープ。切って炒めて軽く煮るだけだから3分あれば完成です。からだがポカポカ温まるから、肌寒い日にも。風邪ひきさんにもおすすめですよ。

1. 長ねぎは5cmくらいに切ってから、千切りにしておきます。えのきは石突きの部分を取り除き、4〜5cmの長さに食べやすく切っておきます。
2. ごま油を熱して塩ひとつまみ（これがコツ!）、塩がパチパチいってきたらねぎとえのきを入れて炒めます。
3. ねぎがしんなりしてきたら、1カップの水を注ぎ、軽く煮立てて、塩少々で味を整えて完成です。

材料：一人分
- 長ねぎ　1本
- えのきだけ　1/3束
- ごま油　適量
- 塩　適量

「ねぎのスープはみんな『わぁ〜』とため息がもれました」(asfulikeさん)

忙しいときこそちゃんと食べたい！そんなとき助かるのがササッとできるスープのレシピ。3分レシピ特集です。

あったか☆トロトロ豆乳スープ

材料3つ！

グラグラ煮立てるとトロロが固まるから、軽くひと煮立ちする程度で。

とろーりトロトロ、とろけそう♪クリーミーでリッチなスープです。材料はたったの3つ。作り方も超簡単、インスタントスープなみに手間いらずです。なのにうっとりのおいしさ、ぜひお試しを!

1. 長いもはすり下ろしてトロロにします。
2. 1と豆乳、塩を鍋に入れて火にかけ、ひと煮立ちしたら完成です。

材料：一人分
長いも　100g
豆乳　100cc
塩　小さじ1/3

「豆乳と長いもと塩だけ。ミラクル。料理をするのが最近楽しいです」(DAISYさん)

シンプル☆ねぎだけカレースープ

材料ひとつ

麺を入れてもとってもおいしいですよ。

おそば屋さんのカレー蕎麦と同じ味。おいしいカレースープです。ねぎ一本あれば即できあがり。家事の合間にもササッとできて嬉しいです。3分〜5分もあれば十分。簡単なのもいいですね。

1. ねぎは斜め切りにしておきます。太めのねぎなら1人1本、細めのねぎなら2本くらいたっぷりと。
2. ごま油を熱して塩ひとつまみを先になじませます。そこにねぎを加えて炒め、しんなりしたら水1カップを加えてひと煮立ち。aの調味料で味を整え、完成です。

材料：一人分
ねぎ　一本
ごま油　適量
塩　ひとつまみ
a 昆布茶　小さじ1／2
　醤油　小さじ1
　カレー粉　小さじ1

「あつあつで、ピリッとちょい辛で、とってもあったまります。これもリピ必至のレシピ♪」(nopy0316さん)

🔊 やっぱり味噌汁、すまし汁

ふわトロ味噌汁 〈茄子たっぷり〉

🍙 生姜が決め手。苦手じゃなければ少し多めに入れるといいですよ。

香ばしくてふんわりおいしい、茄子の味噌汁です。驚くほど茄子がたっぷり、一杯で1人2本は食べてしまいます。ボリュームもあるから、これとおにぎりでごちそう。ほっと落ち着く優しい味です。

❶ 焼き茄子を作る要領で、茄子をじっくり、こんがり焼き上げます。皮が真っ黒に焦げて、中まで柔らかくなったらOK。熱いうちに皮をむき、身を包丁で軽く叩いてすり鉢ですってペースト状にします（フードプロセッサでも可）。生姜はすり下ろしておきます。

❷ お好みのだし汁を沸かし、味噌を溶いて味噌汁を作ります。茄子が入るので汁の分量は控えめに。ここに1の茄子と生姜を流し込み、ひと煮立ちしたら完成です。

材料：一人分
- 茄子…2本
- 生姜…少々
- だし汁…適量
- 味噌…適量

💬「これは家族にも大好評。生姜の風味が効いてて焼き茄子の甘みがふわふわトロトロ…」（グレイスゆきこさん）

焼き梅の冷たいおつゆ 〈水を注ぐだけ〉

🍙 熱湯を注いで熱いすまし汁として飲んでも、またおいしいですよ。

こんがり焼いた焼き梅は、血液をサラサラにしたり、新陳代謝を促したり、全身の細胞を活性化する作用があるとか。焼き梅さえ作っておけば、水を注ぐだけで即おすましに。火も使わないから簡単です。

❶ 梅干しはオーブンやトースターでこんがり焼くか、フライパンに油少々をしいて焦げ目がつくまで焼いておきます。きゅうりは輪切りにして軽く塩もみしておきます。

❷ 器に焼き梅ときゅうり、軽く洗った乾燥めかぶを入れて水を注ぎます。めかぶが柔らかく戻ったら完成です。暑い季節なら氷などを浮かべてもいいですね。

材料：一人分
- 梅干し…1個
- きゅうり…1/3本
- 塩…適量
- 乾燥めかぶ…ふたつかみ
- ミネラルウォーター…1/2カップ

💬「乾燥めかぶがないのでかわりに、モロヘイヤと、とろろ昆布で作りました！……つるつる〜！……モグモグ〜！……ごちそうさま〜！って……。あまりにも美味しくて速攻食べてしまいました」（satyuuuさん）

お洒落なスープはたまのごちそう。毎日飲むならやっぱり味噌汁やすまし汁！ホッと和むから不思議です。

あったかトロトロ☆お味噌汁 （プラスひと手間）

葛粉でとろみをつけると冷めにくく、食事の間中温かなままです。

いつものお味噌汁にちょっとひと手間。くず粉でとろみをつけた、トロトロ味噌汁です。くず粉は胃腸にも優しいし、風邪をひいたときにもいいとか。体ぽかぽか、トロトロ味噌汁のレシピをどうぞ♪

① だし汁を煮立てて好みの具を煮込みます。写真はワカメとかぶらの葉。かぶらの葉が柔らかくなったら味噌を溶き入れ、味噌汁を作ります。具はほかに、じゃがいも、豆腐、油揚げ、大根など、なんでもOKです。
② くず粉を倍量くらいの水でよく溶かし、1の味噌汁に流し入れます。軽くひと煮立ちしてとろみがついたら完成です。

材料：一人分
だし汁　1カップ
味噌　適量
好みの具　適量
くず粉　小さじ1

「きゃ〜☆うれしい！　私もお味噌汁にくず粉入れちゃいます。トロトロ温まってすご〜くいいですよね♪」（ゆんさん）

おろしかぶらのおつゆ （からだに優しい）

かぶらのビタミンが壊れないよう、おろしかぶらを入れたらひと煮立ちするだけに。

食欲のない日や、疲れが胃腸にきてるときは、優しい味のスープはいかがでしょうか。すりおろしたかぶらのトロトロおつゆは熱いままでも、冷たく冷やしても。一口飲むとほっとするおいしさですよ。

① かぶらの半分はすり下ろし、半分は角切りに。だし昆布は1cm角くらいにキッチンばさみで切っておきます。
② 小鍋に水150ccとだし昆布、角切りのかぶらを入れて火にかけます。沸騰したら弱火に。かぶらがとろけるように柔らかくなるまで煮込みます。

材料：一人分
かぶら　1個
塩、醤油　各適量
ダシ昆布　5cmくらい
片栗粉（またはくず粉）　適量

「うーん、やさしい味。くず粉でとろみをつけたこのスープ、身も心も温まります」（アントニオ檜さん）

izumimirunの おすすめ調味料 & よく出てくる食材

調味料はできるだけ添加物を使わない、昔ながらの製法のものを探しています。
とはいえ、毎日のことだから高すぎるのも正直いってちと苦しい。そんな中で、「この値段でこれならOK」と納得の、愛用の調味料はコレ！
また、私のレシピでしばしば紹介していることから「どこのメーカーのを使ってますか？」の質問が多い素材も、あわせてご紹介します。

おすすめ調味料

「井上古式醤油」
在来種の丸大豆使用。昔ながらの古式醸造で作られた、おいしいお醤油です。クセがないから煮物にもいいし、かけ醤油としても使いやすい。（360ml／420円／エコロジーショップGAIA）

「三河みりん」
本場三河仕込みの有機本格みりん。そのまま飲めるほど優しい甘み。梅の季節にはこの三河みりんに梅をつけるだけで、おいしい梅酒のできあがり。（500ml／1008円／エコロジーショップGAIA）

「純米富士酢」
無農薬の米が原料。昔ながらの製法で歳月をかけ、発酵・熟成させたお酢。酸味が強すぎず、マイルド。サラダのドレッシングや酢味噌和えに愛用してます。（500ml／630円／エコロジーショップGAIA）

「のらくら農園・米味噌」
国産無農薬米、国産無農薬大豆が原料。塩は贅沢にも「海の精」を使用。昔ながらのたきぎの火で大豆を煮て作るとか。クセがなくマイルドで使いやすいお味噌。（500g／630円／エコロジーショップGAIA）

「辻オリジナルウスターソース」
辻ソースは全シリーズ契約農家から仕入れた新鮮な生野菜を使用。昔ながらの手作り製法でていねいに作られたウスターソースはさらりと辛口、料理に使いやすくてお気に入り。（300ml／360円／竹田商店）

「ヒカリトマトケチャップ」
有機トマト、有機醸造酢などが原料のオーガニックケチャップ。写真はチューブ入りですが瓶入りのものも。甘さがくどくなくてお料理に使いやすいケチャップです。（300g／368円／エコロジーショップGAIA）

「アルガニメープルシロップ」
甘みづけは砂糖よりメープルシロップを愛用。カルシウムや鉄分を多く含んでヘルシーです。アルガニメープルシロップは有機かえで樹液が原料で安心。（330g／1029円／エコロジーショップGAIA）

よく出てくる食材

「漁師さんの真こんぶ茶」
昆布茶として飲んだり、ダシ代わりに使ったり大活躍！ 北海道南かやべ産天然真昆布の根昆布とがもめ昆布を使用。塩は北九州産自然焼き塩。（36g／367円／エコロジーショップGAIA）

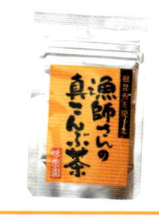

「アリサンオートミール」
挽肉代わりに使用。麻婆豆腐など煮込む料理には、アリサンのものが粒がしっかりしていて◯。2度乾燥製法により、ビタミンなどの栄養分が豊富に残っている。（500g／504円／エコロジーショップGAIA）

「クェーカーオートミール」
コロッケやベジボールなどのつなぎには、柔らかめのクェーカーのオートミールを。もちろん軽く煮ておかゆにして食べても、サッと煮えて簡単な上、栄養も満点。（300g／350円／雪印乳業）

※エコロジーショップGAIA（http://www.gaia-ochanomizu.co.jp/）、竹田商店（http://www.ktakeshow.co.jp/）、雪印乳業（http://www.snowbrand.co.jp/）

第7章

簡単おやつ

🔊 豪華にケーキ

大人の☆即席クスクスケーキ 〈焼かずに簡単〉

🗣 お子さん向けにはリンゴジュースで煮込むとあっさりした味に。

お料理に使うクスクスを使ったケーキです。材料混ぜて、軽く煮込んで冷やすだけ。オーブンを使わずお手軽です。梅酒で甘みづけをし、さらにブランデーで香りをつけて、ちょっと大人の味に。

❶ 材料全部を鍋に入れて火にかけ、沸騰したら弱火にし、軽く煮込みます。1分くらいたったら火を止めて蓋をし、5～6分蒸らします。

❷ 1がまだ熱いうちにタルト型に入れて表面をならし、あら熱が取れたら冷蔵庫へ。しっかり冷えて固まったら完成です。崩さないよう気をつけて切り分けます。

材料：15cmの型1台分
梅酒 ● 1カップ
ブランデー ● 小さじ1
クスクス ● 1/2カップ
レーズン ● 大さじ2くらい

💬 「梅酒とブランデーでクスクスを煮込むなんて考えつきもしませんでしたよ～」(macro_yuuさん)
「なんと！梅酒ですか～～～～～！すごいですっ！さすがです～～～～～！」(あいやこさん)
「クスクスは使ったことないんですけど、これは食べたい～！」(ricopiさん)

☞ 特別な日のスイーツは、豪華にケーキ！ といっても私のケーキはどれも超簡単。特別な材料も使いません。

豆腐とおからのチーズケーキ
おからでヘルシー

🐥 オーブンは170度で40〜50分、様子を見ながら焼いてください。

チーズケーキといいつつ、チーズはつかってません。生クリームすら使わないから乳製品アレルギーの子供さんでも大丈夫。しっとりしたおいしさの秘密はお豆腐のおかげ。おからも入ってヘルシーです。

1. 木綿豆腐をキッチンタオルかふきんで包み、つぶさないようギューッと握って水分をとります。
2. 1をボールに入れてフォークの背でグチャグチャにつぶします。そこにほかのすべての材料をいれてフォークでグルグルかき混ぜ、なめらかな生地を作ります。小麦粉は使ってないから、ダマになる心配はありません。
3. ケーキ型にクッキングシートを敷きつめ、2の種を流し込みます。オーブンで焼き、こんがりした焼き色がついたら完成です。

材料：13cmの型1台分
- 木綿豆腐　70g
- おから　60g
- オリーブオイル　大さじ1
- メープルシロップ　大さじ2
- 白味噌　大さじ1
- レモン汁　大さじ1
- 片栗粉　大さじ1

「チーズケーキです！ ほのかな酸味が嬉しい〜。しかも作るの簡単です」(maptogoさん)

豆乳で☆濃厚チーズケーキ
アレルギーでもOK

🐥 オーブンの温度は170度で40〜50分が目安。様子を見ながら焼き上げて。

チーズも生クリームも、バターすら入ってないとは信じられない濃厚なチーズケーキができました。「えっ？」っていうほど作り方も超簡単。型がなければアルミホイルなどに流し込んで焼いてもOKです。

1. ちぎった酒粕と豆乳をビニール袋に入れます。そのまま冷蔵庫にしまって数時間〜半日放置しておきます。酒粕が柔らかくなったらビニール袋の上からもみもみし、酒粕をすっかり溶かします。
2. 1と残りの材料すべてを混ぜ合わせます。酒粕の発酵力でぶくぶく泡が立ってきますが気にしなくて大丈夫。適当な大きさのケーキ型などに流し込み、オーブンでこんがり焼けたら完成です。

材料：12cmの型1台分
- 豆乳　150cc
- 酒粕　30g
- 小麦粉　大さじ5
- 片栗粉　大さじ2
- ベーキングパウダー　小さじ1
- レモン汁　大さじ1
- メープルシロップ　大さじ2

「チーズなしなのにまったり濃厚！ しかも、めちゃめちゃ簡単♪ ほんと感動のレシピです(涙)」(mika-kujiraさん)

冷たいおやつ

ふんわり豆腐パフェ　アレルギーでもOK

フルーツはバナナ、苺、キウイ、パイナップルなどお好みのものを。

お豆腐で作ったヘルシーなパフェです。お豆腐なのに生クリームみたいにリッチでなめらか。ひんやりふんわり、優しいお味。軽く凍らせるとソフトクリームみたいでこれまたおいしいですよ。

1. キッチンペーパーや布巾で包んで重しをし、しっかり水切りした木綿豆腐をすり鉢でなめらかになるまでよく擦ります。フードプロセッサでガーッと混ぜてもOK。
2. とろりとなったらボールに移し、ほかの材料すべてを加え、泡立て器で滑らかに混ぜ合わせます。器に盛りつけ、好みのフルーツを飾れば完成です。

材料:一人分
- 木綿豆腐　1/2丁(150g)
- メープルシロップ　大さじ2
- 塩　ひとつまみ
- 豆乳　大さじ1
- バニラエッセンス　数滴
- 好みのフルーツ　適量

「すんごく滑らかでほんのり甘くて癖になっちゃいそう！お豆腐だからヘルシーだし♪ダイエットにもってこいですね〜♪」(nami_namieさん)

ぽかぽか陽気の日には、ひんやり冷たいおやつが嬉しいです。どれもあっさり味だから食後のデザートにもぴったり。

豆腐のティラミス　ダイエット向け

豆腐は『波乗りジョニー』など、滑らかなタイプがおすすめです。

娘から「ん〜、うんまい♪」の声が上がりました。ベジタリアンのティラミスです。クリームチーズも生クリームも使ってないのに、リッチでまろやか。ひんやりクリーミーな舌触りにうっとりです。

1. コーヒー液にグラノラを浸してふやかします。小鍋に豆腐とメープルシロップ、レモン汁、片栗粉（またはくず粉）を入れてフォークなどでグルグルかき混ぜます。そのまま火にかけ、木べらなどで練りながら温めます。クツクツいってきたら火を止めます。
2. ガラスコップや器に、1と2を交互に入れていきます。あら熱が取れたら冷蔵庫に入れ、よく冷やします。
3. 食べるときにココアパウダーを振って完成です。

材料：一人分
- 豆腐　100g
- メープルシロップ　大さじ1
- レモン汁　大さじ1
- 片栗粉（またはくず粉）　小さじ2/3
- グラノラ　大さじ3くらい
- コーヒー　30cc
- ココアパウダー　適量

「旦那も『お代わりはないの?』って言うくらいおいしかったです」（lavidafeliz_solsoさん）

ひんやり苺の甘酒シェイク　とっても簡単!

長く凍らせずとも、一部がシャリッと凍ってる程度でもおいしい♪

フルーティで冷たくて、とってもおいしいシェイクです。乳製品も砂糖も不使用。なのに甘くてクリーミィ、リッチなおいしさです。冷凍庫に放り込むまで3分もあれば十分。簡単に作れるのも嬉しいです。

1. すべての材料をビニール袋に入れて口をしっかり結びます。
2. ビニール袋をぎゅっぎゅっと握り、苺をつぶしつつ、甘酒と豆乳をよく混ぜ合わせます。苺の粒が多少残っても大丈夫。そのまま冷凍庫に放り込みます。
3. 1がほどよく凍りかかり、シャリシャリ状になったら完成です。

材料：一人分
- 甘酒　50cc
- 豆乳　50cc
- 苺（大粒）　2個

「ま、まじ、うまいです! お風呂上がりにググッと飲んでしまった（苦笑）。これからの季節、冷たいものを欲したときは、ぜひオススメです」（ちはるさん）

ぽりぽりお菓子

もっちり☆胡麻せんべい
胡麻でヘルシー

タネが冷めると伸ばしにくくなるから、熱いうちに伸ばして。

外はパリッ、中はむっちり、香ばしくておいしい胡麻せんべいです。おせんべ焼くのはたいへんかと思いきや意外と簡単、手抜きレシピでもOK。こねて、蒸して、伸ばして焼くだけ、ラクラクです。

1. ボウルに上新粉と胡麻、塩を入れ、熱湯を少しずつ注いでよくこねます。熱湯の量は種が耳たぶくらいの固さになるよう、調節してください。
2. 1のタネを一口大に丸め、蒸気のあがった蒸し器で5分ほど蒸します。
3. 2のタネが冷めないうちに平らにのばし、弱火にかけたフライパンでじっくり焼きます。表面がパリッとしてくるまで、裏返しつつ、20分程度気長にあぶれば完成です。

材料
上新粉　1/2カップ
胡麻　大さじ2
塩　小さじ1/4

「上新粉で作るのか☆上新粉って数回使って余らせていたので、大変参考になります」（まきみさん）

ひよこ豆のおやつ
豆でヘルシー

プロセス2で水が多いほど、しっとり柔らかな炒り豆になります。

要するに炒り豆のひよこ豆バージョン。食べやすいよう、しっとり柔らかめに炒りあげました。ひよこ豆は大豆とはひと味違う、ボクボクした甘みがお気に入り。作り方は簡単、思い立ったらすぐできます。

1. ひよこ豆はざっと洗って、30分くらい水に浸しておきます。
2. 1をざるにあけ、フライパンに入れて塩をふります。ひよこ豆が半分隠れるくらいの水を張って火にかけ、強火でガーッと水気を飛ばします。
3. 水分が飛んだら弱火にし、そのまま15分くらいから炒りに。しっとり柔らかく炒り上がったら完成です。

材料
ひよこ豆（乾燥豆の状態で）　1/2カップ
塩　ふたつまみ

「作るのも簡単！　作ってる途中からポリポリ……とまらない……ボクボクのひよこ豆大好き♪」（junju5-8さん）

> パリポリ食べられるスナックみたいなお菓子は、毎日のおやつの定番。簡単に作れる手作りお菓子をどうぞ!

かんぴょうチップ 〔乾物おやつ〕

🗨 火加減は弱めじゃないと、すぐに焦げちゃうから気をつけて。

ちょっとひなびた味のおいしいおやつです。作り方はとっても簡単、かんぴょうをカラリと揚げ焼きするだけ。塩をふればかんぴょうチップ、砂糖をふればかんぴょうかりんとう。味つけはお好みでアレンジを。

1. かんぴょうは2〜3cmの長さにキッチンばさみで切ります。水に浸して戻したりせず、乾いたままで大丈夫。
2. フライパンに炒め物をするときよりはやや多めに油をしき、かんぴょうを広げて揚げ焼きにします。パリッと固くなったら引き上げて油を切り、塩をふればかんぴょうチップに。砂糖をふればかんぴょうかりんとうの完成。塩味のほうはお好みでカレー粉を振ったり、ハーブソルトで味に変化をつけてもOKです。

材料
かんぴょう　適量
塩　適量
砂糖　適量
お好みでカレー粉やハーブソルトなど　適量
サラダ油　適量

💬「作ってちょこっと冷めたときがぱりぱりで激ウマ☆」(まんじゅさん)

とろりん☆柿ディップ 〔お麩でヘルシー〕

🗨 甘みの足りない柿なら、メープルシロップなどで甘みを補って。

お麩に柿のディップをのせたヘルシーなおやつです。柿ディップは、甘く熟した柿なら甘みはなしで大丈夫。熱々なとろとろの柿は意外なおいしさ、お麩のさくさく感と相性ピッタリですよ。

1. 柿を薄切りにし、熱したオリーブオイルでソテーします。
2. しばらく加熱するとトロトロに溶けてくるから、シナモンパウダーを振り入れます。甘みが薄ければメープルシロップなどで味を補い、完成です。

材料：一人分
柿　1/2個
オリーブオイル　適量
シナモンパウダー　少々
メープルシロップ　お好みで

💬「早速作ってみました。本当にとろとろで、おいしかった。柿とシナモンの相性は、驚きです」(nori_shimajiさん)

🔊 あったかおやつ

豆腐かりんとう 〈豆腐でヘルシー〉

レシピでは揚げ焼きですが、たっぷりの油でからりと揚げてもOK！

お豆腐の香りと甘みがギュッと詰まった、素朴なおやつ。カリッと揚げ焼きしてお砂糖パラリ、かりんとう風のお菓子です。揚げ焼きだからカロリーも低め。焼き豆腐を使ってるから水切りも簡単ですよ。

1. 焼き豆腐は布巾で包んで数分放置。軽く水切りしておきます。普通の木綿豆腐でもできますが、その場合は重石をしてしっかり水切りしてください。
2. 1を細長く切り、フライパンに1mmくらい油を敷いてあげ焼きに（82P、コツ4）。カリッと焼けたらメープルシュガーなどをふって好みの味をつけ、完成です。

材料：一人分
- 焼き豆腐 … 1/4丁くらい
- 菜種油（またはサラダ油） … 適量
- メープルシュガー、三温糖など … 適量

「わぁ、今かりんとうブームで、どうにも手が止まらないのです。こちらなら罪悪感なくいただけますね♪」（mizutamanoさん）

太らないキャラメルコーン 〈ダイエット向け〉

米飴などの多糖類は吸収がゆるやか。体の負担が少ないそうです。

みなさんの"危険なお菓子"ってなんですか？ 食べ出すとやめられない止まらない……。思春期のころ、キャラメル味のコーンスナックにハマったことがありました。でもこれなら、止まらなくても平気です！

1. フライパンに乾燥コーンを入れて蓋をし、中火にかけます。焦げないよう時々ゆすりつつ、パンパンはぜきるまで加熱します。全部がはぜたらボールなどにとっておきます。
2. 1のフライパンに米飴、塩、水、バニラエッセンスを入れると余熱で米飴が溶けるから、スプーンでグルグルかき混ぜます。ここに1のポップコーンを戻して弱火にかけ、フツフツ言わせながら絡めて完成。5分くらいおいて乾かしてからいただきます。

材料：一人分
- ポップコーン用の乾燥コーン … 大さじ2くらい
- 米飴 … 大さじ1
- 塩 … ひとつまみ
- 水 … 小さじ1/3
- バニラエッセンス … 数滴

「なんと！ ノンオイルです！ もコクがあってついつい手が伸びます〜」（kspice-happyさん）

焼きたて、揚げたて、作りたてのほかほかおやつは嬉しいもの。食べる時間をみはからって準備しましょう。

南瓜きなこの一口茶巾 〈ダイエット向き〉

南瓜は蒸しすぎると甘みが抜けるから、串が通ったら火を止めて。

甘いかぼちゃに香ばしいきなこの香りをプラスして。一口サイズの和風のおかしをこしらえました。ちょっとひなびた懐かしいおいしさ。お砂糖を使わないからダイエットにもいいですね。

1. 南瓜は一口大に乱切りし、塩を軽く振って蒸し器で蒸します(これが南瓜の甘みを引き出すコツです)。竹串がすっと通ればOK。ポテトマッシャーやフォークの背でつぶします。
2. 1にきなこを振り入れて混ぜ合わせ、ビー玉くらいの大きさに丸め、サランラップで包んでキュッと絞り、茶巾の形にまとめます。これをオーブンで表面がカリッと乾くくらいまで焼いたら完成です。

材料：一人分
南瓜　　100g
塩　　　適量
きなこ　30g

「素朴でおいしく、子供も夫も喜んで、倍量作ったのにあっという間に完食♪」(ルーシーさん)

焼くまで一分☆豆腐パン 〈おやつパン〉

メープルシロップや蜂蜜で甘みをつけると、よりおやつパンらしい味に。

めちゃくちゃ簡単！　混ぜて焼くまでほぼ1分。オーブンに放り込み、焼き上がりまで15分。計16分でほかほかのパンができますよ。水を使わず、小麦粉を豆腐の水分でまとめるから豆腐の香りもナイス!

1. 材料すべてをスプーンでグルグルかきまぜます。小麦粉は種がちょうどまとまるくらいの量で調節してください。
2. 1のタネを好きな形にまとめ、クッキングシートにのせて180度のオーブンで15分くらい。竹串をさしてなにもついてこなければできあがりです(*オーブンがなければフライパン焼きでも。蓋をしてじっくり蒸し焼きで焼き上げましょう)。

材料：一人分
木綿豆腐　　　　　100g
小麦粉　　　　　　1/2〜2/3
塩　　　　　　　　ひとつまみ
ベーキングパウダー　小さじ1

「なんか、優しい味なんですよね。身体に優しい感じです」(みぃーさん)

おわりに

　こうして本の終わりの挨拶を書こうとパソコンに向かっていても、私のレシピが本になるなんて、今も信じられません。

　お料理は子供のころから大好きでしたし、小学生のころ、母に分厚い料理の本を買ってもらってうっとりながめてたほどの食いしん坊。小学校高学年のころ、家族みんなの朝食作りを買って出たこともあります。子供のころのことだから、ほんの短い期間の気まぐれなおさんどんでしたが……。
　たしかそのころ、母がこんなことを言っていたのを覚えています。「あんたは好きなことといえば、本を読むことと料理しかないんだから。将来は料理研究家になれば？」と。
　料理研究家ってなんなのか知らなかったし、進路を選ぶころには、母のそんな言葉も忘れ、結局は全然違う道に。料理好きはあいかわらずでしたが、料理教室に通ったことすらありません。

　そんな私が、最初は自分のお料理メモ代わりにレシピブログを始めたのが、去年の2月。気がつくとたくさんの方から励ましの言葉をいただくようになっていました。
　根がお調子者だから「おいしかったです」、「意外な作り方にビックリしました！」なんて言われると嬉しくって嬉しくって。
　正直言ってブログを更新するのが辛いときもありました。それでもほとんど1日も欠かさずレシピを紹介してくることができたのは、たくさんの温かなコメントのおかげ。そのおかげでこうして本が出ることになりました。

　さっきも書いたとおり、お料理教室にすら行ったことのないド素人ですから。本を作っていく途中では、何度も「こんな私が本なんか出していいんだろうか」と胃がキリキリ痛む思いもしました。
　でも、「izumimirunさんの本がほしい」、「もし出たら台所でボロボロになるまで使

います」なんて言ってくれる方もたくさんいらして……。

　本当に、本当に、みなさんありがとう。この本ができあがったのは、全部みなさんのおかげです。どれだけお礼を言っても、言い足りないです。

　それから、これはブログにはときどき書いていることだけど……「野菜のごはん」がおいしいのは、作った私がすごいのじゃなく、全部野菜の力。

　おいしい野菜を今日もありがとう。たくさんの人と、同じ料理を、同じおいしさをわかちあうことができる幸せをありがとう。

　最後になりましたが、この企画を実現させてくださった扶桑社の田中さん、素敵なデザインをしてくださった堀さん、かわいいイラストを描いてくださった友香さん、本当にありがとうございました。

　あ、最後にもう1人。「ウチのこと、ネタにしたり、ウチのごはんをブログに載っけたりするのやめてくれない!?」と怒ってるうちの娘に……。ネタにしてごめん、それから協力ありがとう!

izumimirunこと、庄司いずみ

庄司いずみ（しょうじ・いずみ）

東京都在住、一女の母。料理とはほど遠いフリーライターの仕事をしつつ、自分のため、家族のために子供のころから大好きな料理を楽しむ毎日。出産をきっかけに自然食や菜食に興味を持ち始め、肉や魚を使わないベジタリアン料理を実践。試行錯誤しつつ作ったオリジナルの野菜料理レシピを、昨年2月に立ち上げたブログ『vege dining 野菜のごはん』で紹介。「ユニークでとっても簡単、かつおいしい」と評判を呼ぶ。ブログランキングでも常に上位の常連に。
著者ブログ「vege dining 野菜のごはん」
http://izumimirun.exblog.jp/

装丁●堀 競（堀図案室）
カバー撮影●増田岳二
本文イラストレーション●山崎友香

izumimirunの「vege dining 野菜のごはん」

2008年3月20日　初版第一刷発行

著　　者　庄司いずみ
発 行 者　片桐松樹
発 行 所　株式会社 扶桑社
　　　　　105-8070
　　　　　東京都港区海岸1-15-1
　　　　　電話03-5403-8870（編集）
　　　　　　　03-5403-8859（販売）
　　　　　http://www.fusosha.co.jp
印刷・製本　株式会社 廣済堂

©Izumi shouji 2008, Printed in Japan
ISBN978-4-594-05618-6

定価はカバーに表示してあります。
落丁・乱丁（本の頁の抜け落ちや順序の間違い）の場合は扶桑社販売部宛にお送りください。
送料は小社負担にてお取り替えいたします。